지금은 사랑할 때

지금은 사랑할 때

김인희 수필집

지은이 | 김인희
펴낸이 | 김명수
펴낸곳 | 도서출판 시아북(詩芽Book)
발행일 | 2023년 05월 31일

출판등록 | 2018년 3월 30일
주소 | 대전광역시 동구 선화로214번길 21(3F)
전화 | (042) 254-9966, 477-8885
팩스 | (042) 367-2915
E-mail | siab9966@daum.net

값 15,000원

ISBN 979-11-91108-68-2(03800)

* 저자와의 협의에 의해 인지를 생략합니다.
* 잘못된 책은 바꿔드립니다.

아북수필선 013

지금은 사랑할 때

김인희 수필집

나는 나를 사랑하기로 한다.

지금까지 세상을 향해 차마 열지 못하고 빗장을 고정한 채 소녀의 순수를 간직한 방을 고수할 작정이다. 세상의 조류에 걸음을 맞추지 못하는 불치를 그대로 사랑하기로 한다. 나는 계속 착하고 따뜻하게 살고 싶다.

시아북
詩芽BOOK

작가의 말

문학은 필자의 운명이라고 고백함에 일순의 망설임이 없다. 소녀 적부터 별을 사랑하고 시를 읊조리면서 시작 노트를 보물상자처럼 간직하고 지냈다.

꽃다운 시절은 책을 끼고 살았다. 최초의 별이 수불석권하라는 말 한마디가 빛이 되었고 이정표가 되었다. 그 시절 책은 회색빛 빌딩 숲에서 헤매지 않고 서정을 간직할 수 있게 하는 향기로운 꽃이었다.

두 자녀를 양육하면서 세상에서 가장 따뜻하고 편안한 보금자리를 만들겠다고 다짐했다. 밖은 폭풍우가 몰아치고 천둥과 번개가 요란하더라도 안에 있으면 아무것도 두렵지 않은 공간을 만들기 위해 동동거리면서 손에서 책을 놓지 않고 지냈다.

등단으로 인도한 별을 만난 건 행운이었다. 흙 속에 묻혀있는 돌을 캐내어 광맥을 찾아 주고 작은 어깨에 날개를 달아준 은혜에 감읍한다. 등단 후 강과 산의 모양이 바뀐 시점이 되었다.

수필이라는 이름을 붙여 준 글들을 모아 방안에 들여놓으려 한다. 작품을 모으니 무녀리 같아 애처롭다. 모두 깨물면 아픈 손가락들이다. 산고 끝에

해산한 눈에 넣어도 아프지 않을 자식들이다.

『지금은 사랑할 때』 수필집 제목을 정하는데 많은 시간이 소요되었다. 문학과 자연, 사람과 사람에게 보내는 모든 메시지를 용광로에 넣으니 '사랑'이 선명하게 남는다. 『지금은 사랑할 때』를 마주하는 모든 시간이 사랑할 때이기를 기도한다.

작가로 하여 작가가 되게 하신 하나님께 감사를 드린다. 가장 맑고 순수한 DNA를 주신 아버지와 어머니는 언제나 영롱하게 빛나는 별이다. 사랑하는 남편과 두 자녀는 세상에서 가장 따뜻하고 편안한 보금자리의 주인공이다.

삶의 여정에서 만나는 별들이 있다. 작은 우물 안에서 뛰쳐나올 수 있도록 인도한 별, 더 높이 오르게 하고 더 멀리 보라 손짓하는 별, 더 많은 꿈을 간직하게 한 별, 시시때때로 감동을 주는 별, 별, 별… 모두에게 감사를 드린다.

가장 높은 학문의 경지에 오르게 하고 수필집 『지금은 사랑할 때』에 최태호(중부대 한국어학과 박사) 스승님의 화룡점정에 감읍한다. 그 은혜 갚을 일이 태산이다.

사랑하는 사람들에게 별이 총총 빛나는 작가의 하늘을 선물한다.

2023년 1월

影園 김인희

햇빛 고운 날에

北極星

볕이 푸르기만 한 양지 녘
세상을 향한 웅지
양손에 쥐고

태고의 한숨을 내뱉은 생명
지천명의 나이가 되어도

산다는 일에
추억은 약이 되고
탐욕은 독이 된다손

햇빛 고운 날의 인연은
살아야 하는 이유가 된다

험상궂은 날씨
음험한 표정에도 아랑곳하지 않는

내 유년은
아직도 유년이다

나이 한 살에 들숨 하나
나이 한 살에 날숨 하나

직조된 옥양목 천위를 오가는
무녀의 살풀이굿은
견우와 직녀의 한이다

평생 죽을 수 없는 그들에게 축복이다

생일날 그리움에 취해
내가 먹을 미역 귀퉁이에 눈물 한 방울
한숨 섞어 떨어뜨려 본다

가슴에 그리움 알고 살게 해 준

어머니
아버지
그리고 당신

차례

작가의 말_ 004

제1부 지금은 사랑할 때

1. 수불석권에 대한 추억_ 014
2. 별_ 020
3. 사랑은 움직이는 것_ 025
4. 그리움을 쓰다_ 030
5. 백제금동대향로, 그대가 선물이다_ 035
6. 그녀의 변신은 무죄_ 041
7. 정원을 손질하면서_ 048
8. 삼일천하를 꿈꾸다_ 053
9. 내 마음에 뜨는 별_ 058
10. 지금은 사랑할 때_ 066

제2부 내가 사는 이유

1. 나는 아직도 연애를 꿈꾼다_ 078
2. 부소산성에서 백제를 만나다_ 082
3. 독서논술 지도 강사의 독백_ 087
4. 너는 내 운명!_ 093
5. 박물관은 살아 있다_ 099
6. 잎새에 이는 바람에도_ 105
7. 그대를 보낸다_ 109
8. 사물인터넷 시대의 인권_ 115
9. 초보 사회복지사의 하루_ 120
10. 소녀가 사랑한 별_ 125
11. 내가 사는 이유_ 133

제3부 나의 사랑 나의 가족

1. 너는 한 송이 꽃과 같이_ 142
2. 걱정말아요. 그대_ 150
3. 25년, 그리고 다시 제주도!_ 157
4. 도치 엄마의 태교 이야기_ 164
5. 그가 오고 있다_ 171
6. 세상에서 가장 슬픈 이별_ 176
7. 농부의 딸_ 182
8. 친정엄마와 7박 8일_ 188
9. 우리들의 시간 이야기_ 196
10. 할머니와의 동침_ 204
11. 모닝콜 해주는 남자_ 210
12. 나의 사랑 나의 가족_ 218

제4부 작가의 서재에서

1. 영화 『나랏말싸미』_ 230
2. 영화 『천문』_ 235
3. 최명희 『혼불』_ 240
4. 영화 『기생충』_ 247
5. 박경리 『토지』_ 253
6. 김구부 『이게 나라냐』_ 261
7. 이어령 『이어령의 마지막 수업』_ 269
8. 재러드 다이아몬드 『총·균·쇠』_ 284
9. 영화 『동주』_ 290
10. 조정래 『천년의 질문』_ 295

〈추천사〉 최태호 _ 304
별을 헤며 늘 꿈꾸는 소녀 - 김인희 -

멀리 가로등 불빛이 반딧불처럼 반짝이는 겨울밤.
작은 별 하나 창가에 바짝 다가와서 엿보는 밤이다.
반 평도 안 되는 공간에 앉아 가장 따뜻하고
부드러운 언어로 詩를 써야 할 시간이다.
지금은 사랑할 때.

제1부
지금은 사랑할 때

1
수불석권에 대한 추억

 가을이다. 일과를 마무리하고 홀로 있는 시간을 누리고 있는 요즘이다. 밤에 옥상에 나가 서성거리다 하늘을 우러러 별을 헤아리는 날들이 잦다. 밤이 깊도록 자지러지게 노래하는 가을벌레의 사연을 엿듣는 요즘이 참으로 좋다. 시집을 열어 애써 방황하는 마음을 붙들어 본다. 가을이 독서하기 딱 좋은 계절이라고 말하고 싶은데…….

 수불석권이란 말을 참 좋아한다. 나의 가장 아름다운 시절 20대에 나를 가장 나답게 잡아 준 말이다. 어쩌면 수불석권은 나의 호흡이라 해도 지나침이 없을 것이다. 나에게 가장 빛나는 학창 시절은 중학교 시절이었다. 산이 병풍처럼 둘러싸인 산골 마을에서 초등학교를 마치고 남양면에 있는 중학교에 다니던 시절을 추억하면 별 하나 영롱하게 빛난다.

2학년이 되면서 교과 담임 선생님을 새로 만나게 되었다. 선배들이 국어 선생님은 호랑이같이 무섭고 인정도 없어서 여학생에게도 남학생처럼 매를 든다고 겁을 주었다. 잔뜩 움츠리고 국어 시간을 맞이했다. 선배들 말처럼 국어 선생님은 얼굴에 차가운 카리스마가 가득했고 목소리도 카랑카랑해서 무서웠다. 첫 수업을 시작하면서 국문학에 대해 간략하게 브리핑을 하셨다. 그날 나는 넋을 놓고 문학에 푹 빠졌다. 문학을 가장 문학답게 열어주던 선생님의 모습이 너무 멋있었다.

그날 이후 국어 시간을 기다리는 아이가 되어버렸다. 국어 노트에 한 단원 앞서 예습을 했다. 가장 반듯하고 예쁜 글씨로 글의 종류에 대해서, 글쓴이에 대해서, 어려운 어휘풀이에 대해서 꼼꼼하게 정리를 했다. 나는 작아서 맨 앞자리에 앉았기 때문에 선생님과 가장 가까웠고 선생님께서는 내 노트를 매시간 보셨다. 내 노트를 톡톡 쳐서 소리 없이 칭찬해 주셨다.

그리고 수업 중에 시를 배울 때는 수행평가로 시를 하나씩 외우게 하셨다. 그때 친구들은 쉽고 짧은 시를 외웠고 나는 일부러 가장 어렵고 긴 시를 골라 외웠다. 나의 기대에 어긋남 없이 '역시, 인희네. 꾀꼬리 같은 목소리로 잘 외웠어.' 하고 칭찬해 주셨다. 3학년까지 2년 동안 국어 선생님과 보낸 달콤한 시간은 봄눈처럼 사라졌다.

그때 청양군에는 인문계고등학교가 없었다. 남양면에 있는 우리 중학교에서는 인문학교로 진학하는 친구들은 주로 대전으로 진학을 했다. 3학년 2학기가 되고 학교에서는 몇 명 학생들을 선발해서 야간자습을 하면서 고등학교 진학 준비를 했다. 나도 야간자습을 하면서 부푼 꿈을 꾸고 있었다.

그런 내게 아버지께서 "대학에 다니고 있는 오라비 학비 대는 것이 겁난다. 너는 상업고등학교를 졸업하고 직장으로 나갔으면 좋겠구나."라고 하셨다. 나는 아버지께 순종하고 밝게 웃었다. 그날 밤 이불 쓰고 울었던 가여운 나를 지금도 잊지 못한다.

다음 날 국어 선생님께서 나를 부르셨다. 선생님께서는 미래를 위해서 부모님 설득하라고 하셨다. 한 번만 거역해보라고 하셨다. 아무런 말 없이 눈물만 흘리고 있는 나에게 "미안하다. 네가 더 힘들 텐데… 그럼, 한마디만 더 할게. 수불석권을 잊지 마라." 하시면서 어깨를 토닥이셨다.

　나는 상업고등학교를 졸업하고 부천에서 살면서 용산 전자상가에 있는 전력회사에서 경리로 일하게 되었다. 인천에서 서울로 가는 1호선 전철은 그때 별명이 '지옥철'이었다. 출근길에 사람이 너무 많고 복잡해서 힘들었다. 언젠가는 밀리는 인파에 핸드백 끈이 끊어진 적이 있었다. 구두가 짓밟혀서 리본 장식이 떨어져 나간 적도 있었다. 청양 촌놈이 눈 휘둥그레 뜨고 정신 바짝 차리면서 살아남기 위해 발버둥 치던 날들이었다. 어쩌다 인문학교로 진학하여 한창 공부하고 있을 친구들을 생각하면서 외로운 날들을 보내고 있었다. 눈이 시려서 눈물이 흐르던 날들이 잦았다.

　그때 번쩍하고 나를 때리는 섬광이 있었다. 아찔한 현기증으로 멍해서 멈출 수밖에 없었던 찰나. 국어 선생님께서 수불석권하라고 하셨던 말씀이 나를 흔들었다. 그날 이후 그 무서운 지옥철 안에서 내 손에는 항상 책이 쥐어져 있었다. 부천에서 남영역까지 약 20분 남짓 되는 시간이었을 것이다. 나는 출퇴근하면서 책을 손에서 놓지 않았다. 내 손에 책이 없는 날은 공허해서 마음을 어찌지 못하고 쩔쩔매는 나를 보았다.

나는 중독자처럼 책을 읽어댔다. 시집·소설·에세이·고전·역사… 등등 장르를 불문하고 닥치는 대로 읽었다. 그래야 살 수 있을 것 같았다. 그때 내 손에 들렸던 책은 내가 사는 이유였었다. 내 호흡이었다. 나를 간신히 지탱해 주던 버팀목이었다. 내 나이 지천명을 넘기고 돌이켜 보니 그 20대에 가장 빛 부신 날들을 보낸 것 같다. 내 인생에 가장 아름다운 시절이었으리라.

결혼하고 두 자녀의 엄마가 된 후에 한 맺힌 공부를 시작했다. 다섯 살 딸아이와 두 살 아들아이를 옆에 끼고 방송통신대학교 영어영문학과 공부를 했다. 그 공부가 밑천이 되어서 방과 후 교실 교사로 일하면서 다시 대학원에 진학하여 사회복지학을 공부했다. 어찌하다가 시인과 수필가로 등단했다.

나는 공부하고 등단할 수 있었던 원동력이 독서의 힘이었다고 역설한다. 나를 친절하게 이끌어 준 사람을 만나지 못했지만 그 못지않게 방대한 만남과 위대한 경험이 책에서 이루어졌다고 믿는다. 그래서 수불석권의 생활은 현재 진행형이다. 앞으로도 멈추지 않을 것이다.

지천명이라는 나이, 하늘의 명을 알 수 있는 나이라고 했던가? 그 탓인가 보다. 요즘 생각하는 폭이 넓어지고 깊어지고 있는 이유가. 주변을 둘러보고 타인을 헤아려 보는 여유가 생겼다.

　내가 그토록 존경했던 국어 선생님께서 수불석권하라고 하셨을 때 내가 이렇게 살 수 있으리라 예견하셨을까? 아니면 이렇게 살기를 바라셨을까? 언제든지 무엇이든지 할 수 있는 시스템을 장착하게 하신 거룩한 계획. 내가 잘한 일이라고 여겼다. 선생님께서 심어 주신 씨앗의 의미를 이제 깨닫는 바보다. 내 철없음도 불치다.

　지금까지 걸어온 길을 뒤 돌아본다. 내가 했던 무수한 말들은 지금 어느 꽃잎 위에 앉아 있을까. 내게는 선생님의 한 말씀이 삶의 북극성이 되는 위대한 것이었는데…… 내 말이 누군가에게 그런 지침이 되었던가? '내가 꿈을 이루면 누군가의 꿈이 된다.'는 엽서의 글귀를 떠올려본다. 나도 누군가에게 희망이 되는 존재가 되고 싶다. 내 말이 그에게 힘이 되었으면 좋겠고 내 삶에서 작으나마 의미를 찾아갔으면 좋겠다. 내 웃음이 기쁨이 되었으면 좋겠다. 때로는 내 실수조차 위로가 되어주면 좋겠다. 온통 줄 수 있다면 다 내어주고 싶다.

2
별

별!

 필자의 모든 것이라고 명명한대도 한 치 어긋남이 없다. 어찌하여 그토록 별을 좋아하고 그 앞에서 꼼짝 못 하는지 알 수 없다. 필자가 언제 별에게 매혹되었는지 기억을 더듬는다. 왜 그에게 홀렸는지 이유를 찾는다.

 소녀 시절의 가을밤으로 떠나는 타임머신에 탑승한다. 국어 수업 수업시간을 기다리던 소녀는 가을밤 창호문을 열고 마당으로 나왔다. 칠흑같이 캄캄한 밤하늘에 빛나는 별들이 일제히 소녀의 가슴으로 쏟아져 내리는 그날 밤. 소녀는 주체할 수 없어 마당에 주저앉아 목놓아 울었다.

한밤중에 깜짝 놀란 엄마가 뛰쳐나와서 왜 그러냐고 물었다. 소녀의 말을 듣고 질책하지 않고 유난히 빛나는 별을 두 개 찾아보라고 훈수했다. 천상에서 일 년에 딱 한 번 재회하는 연인 별, 견우성과 직녀성이라고 덧붙였다. 그날 이후로 소녀는 온통 별을 향한 구애뿐이었다.

책을 읽으면서 별을 발견하면 소스라치게 탄성을 지르곤 했다. 알퐁스 도데의 소설 '별'에서 목동의 어깨에 기댄 채 단잠에 든 스테파네트가 목동의 별이었다는 것을 알았을 때. 생텍쥐페리의 '어린 왕자'에서 사막에 불시착한 비행사와 여우를 길들이는 어린 왕자와의 모든 대화가 곧 별이라는 것을 알았을 때. 탄성을 멈추지 않았다. 물론 시한부 삶을 살며 투병하는 소녀를 살린 화가도 찬란한 별임을 부인하지 않는다.

더러 오해를 불러일으키는 일이 있었다. 필자는 미처 성숙하지 못한 시인이라는 오명을 달고 지내면서 스스로 그 이름에 만족하고 있었다. 참말로 미련한 사람인 게다.

별, 필자의 그리움이 별이다. 필자의 DNA가 되어 혈맥을 타고 흐르는 아버지, 어머니. 소녀 시절부터 그리워하는 선생님과 별이 된 시인을 향한 그리움의 대명사가 별이다. 날마다 밤이면 하늘을 우러르는 시인, 옥상에 올라서 하늘을 더듬고 길을 걷다가도 하늘을 올려다보고 별을 찾는다. 별 하나 찾고 가만히 기다리면 그 언저리에서 작은 별을 찾을 수 있다. 그렇게 점점 더 많은 별이 시야에 들어온다.

비가 오는 날에도 하늘을 더듬는 버릇은 어김이 없다. 비 울음 속에서 별들은 제각각 자리를 이탈하지 않고 다소곳하게 빛나고 있을 것이라고 믿는다. 먹구름이 가득 하늘을 덮는 날에도 거기 그 자리에 있는 별을 향한 믿음은 굳건하다.

별, 필자의 꿈이다. 소녀가 지천명에 이르기까지 여정에서 꿈을 꾸었고 꿈을 이루기 위해 걷고 때로는 달려온 날들이다. 필자는 한시도 별을 내려놓지 않았다. 꿈을 안고 전전긍긍할 때 별을 함께 껴안았다. 가장 중요하고 간절한 꿈은 언제나 별 다섯 개를 품고 있었다. 어쩌다 힘들고 지쳤을 때 포기하지 않았던 것은 반짝반짝 빛내며 길 안내를 하던 별이었다. 어찌 그를 잊을 수 있을까.

별, 사랑이다. 아름다운 꽃을 마주하는 날에는 땅에서 피어난 별이라고 속삭인다. 작은 열매를 탐스럽게 살찌우고 익어가게 하는 힘이 어쩌면 별에게 있을지도 모른다고 믿고 있다. 사람과 사람 사이 그리운 이름을 별이라고 부른다. 글에서 읽었다. 아름답고 착한 사람들은 죽어서 별이 된다고 했다. 하여 필자는 온통 좋은 것들을 별로 대체하는 버릇을 고치지 못할 것만 같다. 필자에게 다가오는 인연을 하나씩 별, 별, 별이라고 하고 있다.

별, 필자에게 가르침을 준 사람들도 별이다. 하늘과 땅과 사람의 하모니 인仁의 가르침을 준 중국의 성현과 하늘 아래 사람들이 가장 사람답게 살 수 있는 효(HYO=Harmony of Young and Old)의 가르침을 준 스승님도 별이다. 다음 세대들이 행복하게 살 수 있기를 바란다는 미국의 팔십의 학자와 병마와 싸우면서 국문학사에 길이 남을 대하소설을 집필한 여류 작가도 별이다. 그들 모두는 필자에게 선한 영향을 준 영롱한 빛이다.

별, 필자도 언젠가 별이 되고자 한다. 필자가 살얼음판을 걷듯 언행 심사를 살피고 또 살피는 이유가 거기에 있다. 가장 아름답고 착한 사람으로 살다가 하늘이 부르는 날에 작을망정 빛나는 별이 되고자 한다. 지금까지 필자의 발걸음에 빛이 된 별들처럼 필자도 후대들이 걸음을 옮길 때마다 그 걸음을 지켜주는 한 줄기 빛이 되고 싶다.

별 중의 별 북극성을 생각한다. 우주의 중심을 잡고 있는 별이다. 모든 별을 아우르는 가장 큰 별, 북극성이 필자의 것이라고 고백한다. 오늘 밤에도 별이 바람에 스치고 우두망찰 그를 찾는 소녀가 있다.

3
사랑은 움직이는 것

　최근에 휴대전화를 최신형 울트라 5G로 바꾸었다. 지금까지 스마트폰을 선택하는 기준의 우선순위는 가격이 저렴한 것이었다. 단골로 가는 휴대전화 대리점 사장님은 휴대전화를 새로 교체할 때마다 나의 선택 기준을 알기에 망설임 없이 내놓는다. "이것 정도면 쓰는 데 지장 없을 것입니다. 전화 기능도 적당하고 가격도 저렴합니다."라고 하면서… 대리점에서 휴대전화를 교체할 때마다 전화기를 오래 사용했는데 아까울 만큼 깨끗하게 잘 썼다는 말을 칭찬으로 알아들었던 나였다.

　지금까지 사용했던 스마트폰은 제한이 많았다. 전화 요금이 저렴한 만큼 한 달에 사용할 수 있는 통화시간과 문자가 정해져 있었기 때문에 월말쯤 되면 통화량과 문자를 확인하면서 사용했다. 데이터 요금은 더욱 촘촘한 제한을 요구했다. 우리나라는 인터넷 강국이니만큼 카페나 식당 등 건물에 들어가면 와이파이 비밀번호를 등록하면 얼마든지 인터넷에 접속할 수 있었다. 그러나 야외로 나갔을 때는 데이터를 마음대로 사용할 수 없었다. 어쩌다 문학회에서 답사를 다녀오는 일이 있을 때, 외부에서는 전혀 데이터를 켤 수 없어서 답답했었다. 나는 그런대로 견딜 수 있었지만, 지인들이 전화해서 나만 카톡에 답장을 안 했다고 성화였다. 나는 귀가해서 카톡을 확인하고 답장하면 된다고 생각하면서 느긋하게 지내왔었다.

얼마 전 문화 시민기자 강의시간에 교수님께서 일침을 주셨다. 교수님께서 스마트폰 사용하면서 약정기간 지나고도 쓰고 있는 사람은 손을 들어 보라고 하셨다. 나는 자랑스럽게 손을 번쩍 들었다. 휴대전화 대리점 사장님께서 전화기를 교체할 때마다 전화기를 깨끗하게 사용해서 바꾸기가 아까울 정도라고 했던 말을 상기하면서 의기양양했다. 그러나 교수님께서는 최신 전화기는 정보도 더 좋아지고 전화기 기능도 좋다고 하면서 약정기간을 넘기면서 쓰는 것은 좋은 것 같지 않다고 하셨다.

마침 3년 넘게 사용한 휴대전화가 말썽을 부리기 시작했다. 문자를 보낼 때 자판이 찍히지 않았다. 더러는 문자를 보냈는데 상대는 받지 않았다고 했다. 무엇보다 답답한 것은 휴대전화 저장공간이 늘 부족했다. 이런저런 행사 후 사진을 정리해서 비우지 않으면 저장공간이 부족하다고 빨간색 경고등과 문자가 반짝였다.

  그래도 불만 없이 잘 사용했었다. 전화 통화는 꼭 할 말만 하면 되었고, 문자도 자제하면서 사용하면 한 달 동안 정해진 양을 다 소진하지 않을 때가 허다했다. 인터넷을 사용하는 것도 건물 안에서는 와이파이 비밀번호를 입력해서 사용하면 되었고, 외부에 나갔을 때도 잠깐 인터넷을 열어서 카톡을 확인하고 급한 용건은 일일이 답을 하는 요령을 터득했다. 교육원 강의시간에 교수님의 충고를 듣지 않았더라면 지금도 휴대전화를 교체하지 않았을 것이다. 성능이 떨어지는 구형 휴대전화를 달래가면서 사용하고 있었을 것이다.

  단단히 벼르고 전화기를 교체하려고 대리점에 들어섰을 때였다. 대리점 사장님께서는 내 얼굴을 보시고는 진열장 안에서 아담하고 예쁜 휴대전화를 내놓았다. 사장님께서는 "오랜만에 오셨네요. 이 전화기를 한번 보세요. 저렴한 가격으로 들어왔는데

모델이 예뻐서 좋아하더라고요. 기존에 쓰던 통화나 문자 부족하지 않았으면 괜찮을 것 같은데요."라고 했다. 나는 망설임 없이 가장 최신형을 보여달라고 했다. 사장님께서 울트라 - 21 최신형 전화기 세 개를 보여 주셨을 때, 가장 큰 것으로 선택했다. 구형 휴대전화기를 책상 서랍에 두기 전에 몇 번을 쓰다듬었다. 오랜 시간 함께 했던 정을 단번에 끊어버리지 못하고 잠시 아쉬운 이별의 시간을 가졌다.

요즘 새 휴대전화와 사랑놀음에 시간 가는 줄 모르고 있다. 영상을 촬영할 때 화질이 선명해서 깜짝 놀랐다. 같은 대상을 영상으로 담았는데 구형 휴대전화와 신형 휴대전화가 보여 준 모습은 천지 간이었다. 한낮에 태양의 입김이 아무리 뜨겁게 다가와도 예쁜 꽃을 만나면 그냥 지나치지 못하고 멈추어 서서 휴대전화에 포착한다. 아름다운 동영상에 문자로 시를 표기하는 '디카-시'를 제작하면서 나르시시즘의 바다에 퐁당 빠졌다.

오늘 점심시간에는 아스팔트 위에서 힘을 잃어가고 있는 매미를 보고 한참을 앉아 있었다. 매미는 7년 동안 땅속에서 지내고 허물을 벗고 매미가 된 후 7일 동안 사는 슬픈 운명을 가지고 있다. 매미는 가스레인지 위에 놓인 프라이팬처럼 뜨거운 아스팔트 위에서 작은 몸짓으로 생명이 꺼져가는 것이었으리라. 내 양

산을 같이 쓰면서 한참을 매미와 있었다. 나는 매미를 조심스럽게 옮겨서 풀밭에 두고도 자리를 뜨지 못하고 있었다. 내가 길을 막고 있었나 보다. 자동차가 경적을 울려서 화들짝 놀라서 일어섰다.

오늘 저녁에는 하늘의 빛깔이 주홍색으로 물든 모습이 아름다워서 발목 잡혔다. 그 노을도 놓치지 않으려고 휴대전화에 담았다. 신형 휴대전화의 매력에 빠져서 구형 휴대전화를 까맣게 잊었다. 내 사랑은 일편단심인 줄 알았는데, 이렇게 쉽게 변할 줄 몰랐다. 내 사랑이 흔들리고 있다!

4
그리움을 쓰다
- 국어 선생님과의 추억

하늘을 우러러보는 일은 내게 거룩한 의식이다. 내가 의식하지 않고 호흡하는 것처럼 하늘을 보는 수를 헤아릴 수 없다. 낮에 직장에서 일하면서 몇 번을 밖으로 나와서 하늘을 본다. 햇볕이 내리쬐는 날에는 온몸으로 햇살을 받아내고 먹구름이 낀 하늘가에서는 비를 기다리는 마음이 된다. 눈이 내리는 날에는 온몸으로 탄성을 지르면서 주체하지 못한다. 하늘을 보는 일은 계절과 시간을 개의치 않는다. 오늘도 저녁 식사를 마치고 딸과 캄캄한 하늘을 바라보면서 별을 찾다가 까르르 웃었다.

소녀처럼 자지러지게 웃다가 추억을 더듬게 되었다. 지천명을 넘긴 중년의 여인이 소녀가 될 수 있는 추억으로 가는 타임머신에 오른다. 생각만으로도 마음이 콩닥콩닥 분주하고 얼굴이 수줍어서 뜨거워지는 시절로 깊이 들어간다.

산골 아이가 중학생이 되면서 만났던 국어 선생님은 지금까지 살아오는 동안 온통 그리움이었다. 중학교 2학년이 되었을 때 국어 선생님을 만나기 전에 선생님의 소문이 분분했다. '선생님께서 무척 무섭다. 수업을 어렵게 가르친다. 시험문제를 어렵게 낸다. 여학생이라고 봐주지 않는다. 남학생처럼 강하게 대한다. 한마디로 무서운 카리스마를 가졌다.' 하여 국어 시간에 선생님을 처음 만났을 때, 나는 잔뜩 주눅이 들어있었다. 키 작은 나는 맨 앞자리에 앉았다. 교탁 바로 앞에 앉았기 때문에 선생님하고 무척 가까운 거리였다.

첫 시간에 대면한 선생님은 소문대로 무서운 표정이었고 목소리도 카랑카랑했다. 나는 무서운 선생님하고 2년을 지낼 생각에 한숨이 절로 나왔다. 그러나 수업이 시작되고 선생님께서 국문학에 대해 브리핑하셨을 때 나는 무서운 것을 까맣게 잊고 문학의 바다에 풍덩 빠졌다.

그 후로 국어 시간을 학수고대하게 되었다. 국어 노트를 두꺼운 것으로 준비해서 수업 전에 꼼꼼하게 예습을 했다. 가장 반듯하고 정갈한 글씨로 글의 종류, 지은이, 어려운 어휘풀이, 한자어 등 빼곡하게 쓰고 수업을 기다렸다. 선생님께서는 수업시간에 내 노트를 보고 손으로 톡톡 치면서 소리 없이 나만 알 수 있는 방법으로 칭찬해 주셨다. 나는 시를 배울 때는 단원에 나오는 시를 모두 암송했다. 수업시간에 선생님께서 '이화에 월백하고 은한이 삼경인제, 일지춘심을 자귀야 알라마난' 하시고 멈추면 내가 받아서 '다정도 병 인양하여 잠 못 들어 하노라'하고 맺었다. 나를 향하여 활짝 웃고 있는 선생님의 모습은 지금도 잊을 수 없다. 아! 황순원 님의 소설 〈소나기〉를 수업할 때 너무도 황홀했었다. 소년과 소녀의 풋풋한 사랑을 떠올리면 지금도 황홀해진다. 그렇게 국어 선생님하고 공부하면서 보낸 시간은 행복하고 아름다운 날들이었다.

3학년 어느 날 충청남도 학력고사를 본 후 수업시간이었다. 선생님께서는 아쉽게 한 개 틀린 학생이 학교 최고 점수라고 하시면서 좋아하셨다. 수업시간에 시험지를 풀어주시고 정답을 확인해 주셨다. 한 개 틀린 점수가 바로 내 것이었다. 나는 시험지를 확인하면서 아는 문제를 실수로 틀려서 아쉬웠다. 그래도 선생님께서는 칭찬해 주실 것이라고 짐작했다. 선생님께서는 내 시험지를 확인하고 아는 문제를 틀렸다고 벼락같이 화를 내셨다. 그날 수업시간 내내 고개를 들지 못하고 하염없이 울었다. 내 실수를 자책하면서 울고, 격려해주시지 않고 화를 낸 선생님이 원망스러워서 눈물을 멈출 수 없었다. 그토록 좋아했던 선생님이 미워졌다. 수업이 끝나는 종이 울렸을 때 내 국어책은 눈물로 흠뻑 젖어서 묵직했다.

그날 이후로 나는 국어 시간에 의기소침해졌다. 나는 선생님을 보지 않고 책만 보고 있었다. 선생님을 원망하는 마음이 눈덩이 같이 커져만 갔다. 담임 선생님 심부름으로 교무실에 갔을 때, 국어 선생님께서 부르셨다. 선생님께서는 아는 문제를 실수해서 틀린 것이 너무 아까워서 속상했다고 하셨다. 내가 실수하지 않았더라면 충남에서 최고 점수라고 생각하면서 선생님도 모르게 순간적으로 큰 소리를 내서 미안하다고 사과하셨다. 꽁꽁 얼었던 내 마음이 사르르 녹아내렸다.

나의 중학교 시절은 하늘빛 꿈을 꾸는 행복한 날들이었다. 지금도 나는 누군가 과거의 한 시절로 되돌아갈 수 있다면 언제로 가겠느냐고 묻는다면 조금도 주저하지 않고 중학교 시절로 가겠다고 하겠다.

시간이 시나브로 흐르고 고등학교에 진학하면서 흠모하던 국어 선생님과 작별의 시간이 다가왔다. 선생님께서는 내가 가정 형편으로 상업학교에 진학하는 것을 걱정하셨다. 선생님께서는 어찌할 수 없는 상황을 알고 수불석권을 당부하셨다. 선생님의 마지막 말씀이 지금까지 나를 지탱해오고 있다.

   선생님하고 헤어지고 고등학생이 된 어느 주말이었다. 나는 청양 시외버스 터미널에서 집에 가는 버스를 기다리고 있었다. 내 앞에서 출발하는 버스에서 톡톡~~ 창문을 두드리는 소리가 들렸다. 나는 고개 들어 버스를 보고 깜짝 놀랐다. 버스 안에서 국어 선생님께서 나를 향해 손을 흔들면서 미소를 짓고 있었다. 말 한마디 할 수 없었던 찰나의 만남이 선생님과의 마지막이었다. 그때, 버스 안에서 손을 흔드는 선생님께서는 내 눈에 가득 차오는 눈물을 보았을까! 밤하늘 우러러 별 헤는 날에는 수많은 별과 함께 글썽이는 눈물에 잠긴 또렷한 별 하나가 내 마음에 살포시 안겨 온다.

5
백제금동대향로, 그대가 선물이다
- 코로나 블루 극복을 위한 백제금동대향로의 선물, 힐링 & 치유

여름밤 추적추적 내리는 빗속에서 우산을 받치고 걸었다. 국립부여박물관 전시실을 향하여 걷는 발걸음마다 빗방울이 온몸을 던져 낙하했다. 차가운 그의 촉감을 고스란히 껴안고 걸었다. 찰나의 순간 우산을 던지고 빗속을 뛰고 싶은 충동에 휩싸였으나 간신히 밀어냈다.

박물관 전시실 입구 넓은 홀에 서 있는 현수막에는 "코로나블루 극복을 위한 백제금동대향로의 선물, 힐링 & 치유"라고 쓰여 있었다. 가야금 다섯 대가 나란히 줄지어 서서 관람객을 기다리고 있었다. 가야금 앞에는 백제금동대향로가 아름다운 자태로

앉아 있었다.

 행사 담당 학예사가 코로나-19 때문에 온 국민이 팬데믹에 빠져있는 어려운 난국에 군민들에게 위로를 주기 위해 박물관에서 특별히 기획한 프로그램이라고 설명했다. 모두 6회의 공연을 할 예정이고 첫 공연을 문인협회 회원들을 대상으로 하게 되었다고 했다.

 무대 중앙을 중심으로 거리두기만큼 떨어져 있는 의자들은 어림잡아 스무 개 남짓했다. 나는 그 순간만큼 이기적인 욕심을 맘껏 부리고 싶었다. 나는 무대를 중앙에 두고 앉은 순간 백제금동대향로를 보고 눈시울이 뜨거워졌다. 사랑하는 연인을 마주한 것처럼 내 심장의 잔잔한 리듬이 해일 같은 변주곡으로 변해버렸다.

 박물관에서 전시유물 해설 자원봉사를 했을 때 나를 온통 사로잡은 유물이 백제금동대향로였다. 그때 관람객을 인솔하여 전시실을 안내하고 전시유물을 설명할 때 절정을 이루는 하이라이트는 바로 백제금동대향로였다. 나는 백제금동대향로 앞에서 옷깃을 여미고 백제의 태평성대와 슬픈 마지막을 역설한 후 관람객으로부터 박수갈채와 환호를 받았다. 더러는 눈물을 훔치는 관람객도 있었다. 추억을 되새기면서 나르시시즘에 흠뻑 빠져들고 실소를 머금었다.

다소곳이 서서 기다리는 가야금 앞으로 입장한 연주자들의 모습을 본 순간 앗! 하고 탄성을 지를 뻔했다. 백제의 의상을 입은 연주자들의 머리 모양은 향로 위에 있는 다섯 악사의 모습이었기 때문이었다. 나는 가야금 선율에 온몸을 기대고 눈을 감았다. 얽히고설킨 생각조차 음악에 싣고 맘껏 힐링하고 싶었다.

가야금 연주가 끝나고 학예사의 안내로 우리 일행은 백제금동대향로가 있는 전시실로 갔다. 백제금동대향로가 있는 전시실에서 새어 나오는 불빛은 마치 1400년 전 백제로 안내하는 오로라처럼 신비하게 다가왔다. 학예사의 친절한 해설은 금상첨화였다.

백제금동대향로의 구조는 봉황 장식과 산악모양 뚜껑 그리고 연꽃 모양 몸체와 용 모양 받침으로 이루어져 있다. 향로의 꼭대기에 있는 봉황은 턱에 여의주를 가지고 있으며 두 날개를 펼쳐 금방이라도 하늘을 비상할 듯한 모습이다. 봉황은 태평성대의 성인이 나타남을 상징한다. 봉황 아래 다섯 마리의 기러기가 봉황을 호위하듯 둘러싸고 다섯 악사가 각각 다른 악기를 연주하고 있다. 산악모양의 뚜껑에는 여러 사람의 모양과 신선의 모습을 볼 수 있다. 산에 사는 동물들과 사람의 얼굴을 가진 상상의 동물이 있다. 태껸하는 사람의 모습과 계곡에서 머리를 감고 있는 사람의 모습은 흥미진진했다. 산봉우리와 신선의 모습에서 종교 도교를 만날 수 있다. 연꽃 모양의 몸체는 연꽃잎이 만개한 모습이며 꽃잎 하나하나에 수중 동물이 새겨져 있다. 불교를 상징하는 연꽃은 세 겹으로 이루어져 있다. 용 모양의 받침은 향로의 몸체를 입에 물고 있는 용이 승천할 듯한 자세로 무게를 잡고 있다. 용은 한 발을 높이 치켜들고 꼬리와 세 발로 삼각형의 구조로 무게중심을 안정적으로 잡고 있다.

백제금동대향로는 완벽한 구조와 아름다운 비례와 균형을 갖추고 있다. 역사에 기록된 대로 철을 다루는 기술이 빼어난 백제의 장인정신을 확증하고 있다. 백제금동대향로는 백제의 모든 염원을 간직하고 있었다. 수중 동물의 왕인 용이 기저를 견고하게 다지고 신선들과 사람들이 어우러지고 악사들의 음악 소리가 온 누리에 울려 퍼지고 하늘 향하여 뻗쳐오르던 태평성대를 이루고자 했던 백제의 거룩한 꿈을 전해주고 있었다.

백제금동대향로는 창왕명석조사리감이 있었던 능산리 사지에서 발굴되었다. 창왕은 성왕의 아들로서 후에 위덕왕의 보위에 올랐다. 신라군과 장렬하게 맞서 싸웠던 관산성 전투에서 창 왕자가 군사를 진두지휘하여 싸웠다. 성왕은 창 왕자와 백제 군사를 격려하고 위문하기 위하여 오십 명의 적은 군사를 거느리고 관산성으로 향했다. 일본 서기의 기록에 의하면 이때 성왕은 전선에 나가 있는 왕자 창을 위문하러 가는 길에 신라군에게 길을 차단당해 포로가 되어 죽임을 당했고, 그의 머리는 신라 북청 계하에 매장하고 신라인들로 밟고 지나다니도록 했다고 한다.

창 왕자는 관산성에서 아버지 성왕을 잃고 삼만 명에 가까운 사졸들이 전사하는 엄청난 피해를 입었다. 창 왕자는 아버지의 참담한 죽음과 사졸들의 전사에 얼마나 비통했을까! 창 왕자는 왕위 계승을 거부하고 불가에 귀의하여 아버지 성왕과 사졸들의 공덕을 빌겠다고 선언했다. 백제 대신들이 왕자 대신 100명을 출가시킨 후에 왕자 창은 위덕왕이 되었다.

백제금동대향로는 능산리 사지 회랑 공방 터 물두멍에서 발굴되었다. 당시 백제금동대향로의 모습에서 긴급한 상황을 짐작할 수 있었다. 백제금동대향로는 백제의 태평성대를 노래하고 마지막에 백제가 나당연합군에게 무참하게 짓밟히는 순간 긴급하게 물두멍에 숨겨졌을 것이다. 1400년 동안 어둠 속에 박제된 채 떨고 있었을 것이다. 찬란하고 슬픈 역사를 우리에게 고스란히 전해주고 싶었을 것이다. 이렇게 백제금동대향로는 스토리를 가장 많이 간직한 유물이 되었다. 음악과 종교와 생활 문화까지 모두 보여주고 있다.

　백제금동대향로는 어둠 속에서 1400년을 견디고 오늘날 우리 앞에 당당하게 서 있는 것처럼 코로나-19 때문에 힘들어하는 우리에게 조금만 더 버티라고 격려하는 듯했다. 현수막에 쓰여 있는 글처럼 코로나블루 극복을 위한 힐링 & 치유였다. 이 또한 지나가리라! 속삭이고 있었다.

　아버지 성왕이 꿈꾸는 세계, 아들 위덕왕이 이룬 태평성대 〈별〉이 되어 우리 가슴에 내렸다. 그 아버지를 향한 슬프고도 아름다운 〈아버지를 두고 그대를 두고〉 곡조가 울부짖었다. 왕자 창에게 〈그날의 기억〉은 아픔이었으리라. 죽은 자와 산 자를 이어주는 향로를 피우고 〈어디로 갈까나〉 위덕왕은 아버지의 뜻을 다 이룬 후에 아버지께 돌아갔으리라.

　가야금 연주를 마치고 독창 〈햇살도 데리고 그대에게 돌아가리라〉 노래를 들으면서 하염없이 흐르는 눈물을 주체하지 못했다. 백제금동대향로와 나의 재회의 기쁨은 찰나였다. 찬란한 슬픔의 역사와 함께 내 슬픔도 가야금 선율에서 울부짖고 있었다. 그 아픔이 가슴에 파고들어 눈물샘을 휘저었다. 햇살도 데리고 그대에게 돌아가리라.

6
그녀의 변신은 무죄

그녀의 저녁 산책코스로 궁남지는 황홀한 공간이다. 그녀는 저녁 설거지를 마치고 운동화 끈을 단단하게 조이고 씩씩하게 운동을 시작한다. 그녀는 근처 중학교 운동장으로 간다고 마음 먹지만 늘 무산되고 만다. 그녀의 의지와 상관없이 발걸음은 궁남지를 향하여 거침없이 전진하고 있다.

궁남지 입구에서 가장 먼 거리를 운동코스로 선택하고 한 치 망설임이 없다. 그녀의 키보다 훨씬 큰 연꽃이 키 작은 그녀를 무색하게 한다. 낮에는 홍련과 백련의 빛깔이 청록의 연잎 사이에서 해와 달처럼 빛난다. 밤에는 그 빛깔이 모두 향기로 승화

되어 연꽃 사이를 걸을 때마다 온몸을 휘감는 은은한 향기에 매료된다.

여름에는 버드나무 가지마다 안고 있는 매미들이 어찌나 울어대는지 귀가 따가웠다. 여름이 물러가고 가을이 들어앉으려는 찰나의 계절은 경건하다. 아직 삶의 유효기간이 남은 매미들이 목청 높여 소리로 역사를 쓰고 있다. 일찍 찾아온 가을 전령사들의 소리는 매미의 노래와 화음을 이루면서 차가운 공기를 불러들이고 있다.

궁남지 산책로 따라 설치한 경관조명은 여러 빛으로 바뀌고 있었다. 그녀가 내딛는 발걸음이 보랏빛이 되었다가 푸르게 변하고 선홍빛으로 물들었다가 다시 초록색으로 변했다. 마치 경관조명의 빛깔에 따라 연꽃의 향기도 다르게 다가오는 것 같았다. 순간 그녀는 경관조명의 오색 빛깔이 어쩌면 자신의 모습이 아닐까 하고 상상의 블랙홀 속으로 빨려 들어갔다.

그녀는 아침마다 집안일에서 손을 떼고 화장하고 출근 준비하면서 커리어우먼으로 변신한다. 직장에서는 지자체에서 파견한 전문 사회복지사다. 정부와 수급자 및 차상위 계층을 연결하는 업무가 그녀의 주된 일이다. 그녀는 업무로 인하여 장거리 출장과 지자체에 가는 일이 잦은 것을 싫어하지 않는다. 오히려 즐기고 있다. 그녀의 긍정적인 마인드가 곧 그녀의 경쟁력이라 여긴다.

그녀가 퇴근하고 헐렁한 옷으로 갈아입으면 대한민국을 대표하는 아줌마의 대명사가 된다. 가족을 위하여 식단을 준비할 때 우선순위가 건강한 먹거리를 준비하는 것이다. 주방에서 조리하면서 콧노래를 부르고 대청소를 하고 빨래를 할 때도 그녀의 허밍은 멈추지 않는다.

그녀가 이불빨래를 할 때면 커다란 함지박에 이불을 넣고 힘차게 발로 밟으면서 세탁을 한다. 가족들은 그녀를 보고 힘들게 하지 말고 세탁소에 맡기자고 성화다. 이불은 살갗에 직접 닿고 긴 시간 동안 가족의 숙면을 책임지니 정결하게 세탁해야 한다는 그녀의 반박에 가족은 꼼짝하지 못한다. 나날이 그녀의 작은 손이 도톰해지고 손가락이 굵어지고 있다.

그녀가 시와 함께 무대에 서는 순간은 전문 시낭송가가 된다. 시에 어울리는 무대의상을 준비하고 배경음악의 선율에 그녀의 목소리가 얹어질 때 관객은 환호한다. 그녀가 무대에서 내려왔을 때 대기실까지 따라와서 박수하는 관객이 있었다. 한 편의 시를 껴안고 몇 날 며칠을 외우면서 시에 어울리는 배경음악을 찾는 일은 그 무엇과도 바꿀 수 없는 행복이다.

그녀가 PPT자료를 들고 강의를 하는 날은 강사답게 변신한다. 강단에 서는 순간까지 강의록을 손에 들고 낮이나 밤이나 공부한다. 단정하고 전문적인 용모로 변신하고 대상에 따라 강의의 수위를 조절한다. 전문적인 강의 못지않게 이벤트를 준비하고 선물을 전달하는 것도 잊지 않는다. 그녀는 효와 인성, 하브루타, 백제 역사, 아동 인권 등 주제를 들고 당당하게 강단에 오르고 있다.

그녀의 도전은 멈추지 않고 있다. 토요일에는 격주로 대학원에 공부하러 간다. 그녀가 중부대학교 한국어학과 박사과정 공부하겠다고 선언했을 때 만류하는 사람은 단 한 명도 없었다. 가족은 물론 시댁과 친정을 비롯하여 지인들은 당연한 일인 양 고개를 주억거렸다. 그녀가 박사과정 공부를 앞두고 나이 때문에 주저하고 경제 때문에 망설였던 것이 기우였다는 것을 깨닫는 데 시간이 오래 걸리지 않았다.

그녀가 자동차를 운전하면서 대학원에 가는 시간은 오롯이 그녀만의 것이다. 일주일 동안 쌓인 부유물을 말끔히 제거하는 거룩한 시간인지도 모른다. 이동하는 시간의 절반은 기도하는 시간이다. 그녀의 현재의 모습이 곧 하나님께서 주신 축복임을 믿는다. 그녀가 걸어온 길에 찍힌 그녀의 발걸음마다 동행하고 그녀의 기도를 모두 들어주신 하나님의 은혜와 사랑에 감사드린다. 그녀의 끊임없는 요구를 거절하지 않으시고 하나씩 열매 맺게 하시는 하나님, 그녀의 모든 것을 아시고 그녀의 모든 능력이 되시는 하나님께 찬송을 드리고 감사의 기도를 드리는 거룩한 예배의 시간이다.

자동차로 이동하는 절반의 시간은 시낭송 연습을 한다. 지금까지 무대에서 낭송했던 시를 한 편씩 낭송하면서 시어가 가지고 있는 고, 저, 장, 단, 완, 급, 쉼의 원칙을 고수하고자 노력한다. 암송했던 시를 잊지 않으려고 노력하고 그녀의 목소리가 시를 기억할 수 있는 시간을 부여한다. 프랑스의 학교 교육은 모국어로 쓴 한 편의 시를 암송하는 것으로 시작한다고 했다. 그녀는 그 말에 격동하면서 시낭송으로 한국어와 한국의 역사와 문화를 교육할 수 있으리라 예견하고 있다.

그녀가 대학원에 도착하여 책상에 노트를 꺼내놓고 딱딱한 의자에 앉으면 비로소 가장 순하고 착한 학생이 된다. 수업시간마다 교수님의 강의를 따라잡으려고 눈망울 영롱하게 굴리면서 열정적으로 수강한다. 아침 10시부터 오후 7시까지 빼곡한 수업 일정을 거뜬히 소화할 수 있는 저력은 어디에서 나오는 것일까. 그녀 스스로 의문을 던지고 조소하는 날들이다.

 최근에는 부여학扶餘學 강의를 수강하고 있다. 부여 문화원에서 매주 화요일과 목요일 저녁에 2시간 씩 부여를 공부할 수 있는 시간을 마련해 주었다. 배움에는 끝이 없다는 말을 절감한다. 지금까지 부여를 백제의 도성으로 한계를 정했던 그녀의 생각을 깨뜨리고 고려시대와 조선시대의 부여에 대해 새롭게 배우고 있다. 부여학 강의가 끝 날 때쯤이면 그녀의 부여는 백제, 고려, 조선을 품은 다채로운 역사와 문화의 도시로 새롭게 거듭날 것이다.

 부여학 강의가 없는 날 저녁은 운동하기로 했다. 직장에서 온종일 컴퓨터와 씨름하느라 옴짝달싹 못 하는 신세다. 그녀의 머릿속에는 낮에 붙들었던 글제를 모자이크하느라 분주하다. 밤이 늦도록 강의를 듣고 글을 쓰는 일상이다. 어느 순간에 건강을 지키는 것이 모든 것을 유지하는 것이라고 깨달았다. 근처에 사는 친구와 운동하면서 스트레스를 날려버리면서 씩씩하게 걷고 있다. 그녀는 등줄기에 땀이 흘러내리는 짜릿한 순간의 감촉을 위하여 걷는다.

그녀는 작은 꽃을 시로 납치하는 시인이다. 삶의 여정과 사랑을 스케치하는 수필가다. 펜에 힘을 주는 칼럼니스트다. 한 편의 시로 관객을 사로잡는 시낭송가다. 가을 서리처럼 차가운 강사가 되었다가 봄바람처럼 따뜻한 수강생이 된다.

그녀가 창조하는 변신의 절정은 귀여운 연인이다. 사랑하는 남편 앞에서는 언제까지나 귀여운 연인이 되고자 한다. 그는 업무를 척척 해내는 능력 있는 그녀보다 똑똑하고 지혜로운 그녀보다 귀여운 연인인 그녀가 좋다고 했다. 하여 사랑하는 그 앞에 서는 늘 철없는 귀여운 연인이 되고자 한다.

깊은 밤 12시 밤하늘 별도 잠자리에 들 시간이다. 그녀가 일과를 마무리하고 하나님께 감사기도를 드리는 시간이다. 사방이 온통 고요한 가운데 그녀의 떨리는 기도가 한 편의 시가 되는 밤이다. 범사에 감사가 넘친다. 그녀로 하여 그녀가 되게 하신 하나님의 충만한 은혜에 감사와 찬미를 드린 후 별을 껴안고 꿈나라로 떠난다.

함초롬한 가을 냄새가 나는 여인! 귀여운 그녀의 변신은 무죄.

7
정원을 손질하면서

　주말에 한가한 시간을 만끽했다. 일부러 침대에서 이리저리 돌아누우면서 늦장 부리고 머리 감는 것도 생략하면서 맘껏 게으름을 호사처럼 누렸다. 그러나 이내 몸이 근질근질 가만히 있지 못하고 집 안팎을 뒤집었다.

　겨우내 웅크리고 있던 가구를 이리저리 장소를 옮기면서 대청소를 했다. 크고 두꺼운 겨울 이불을 따뜻한 물에 담갔다가 발로 푹푹 밟아 세탁했다. 좁은 세탁기 안에서 옴짝달싹하지 못해서 시원하게 세탁되지 않는 것을 못 견디는 성미다.

오후에는 정원에서 지냈다. 아주 좁은 정원인데도 살뜰하게 손길 주지 않고 방치했다는 것이 못내 미안했다. 목련이 떨구어 낸 낙엽과 감나무에서 낙하한 잎이 수북하게 쌓여있었다. 두꺼운 낙엽을 헤집고 연초록 새싹이 고개 내밀고 있었다.

갈퀴로 낙엽을 긁어모으려다 아기 새싹이 다칠까 걱정이 되어 직접 손으로 치우기로 했다. 손으로 살살 낙엽을 긁어내면서 눈으로 보는 것보다 훨씬 많이 쌓였다는 것을 알았다. 손놀림을 조심하면서 낙엽을 치우다가 멈추고 한참을 생각에 잠겼다.

몇 달 전 읽었던 박완서 작가의 수필집 『호미』를 생각했다. 박완서 작가를 알게 되었을 때 스스로 롤모델로 삼았었다. 불혹이 넘어 등단한 작가의 이력이 문학을 동경하던 내게 실현 가능한 꿈이 될 것만 같았다. 작가의 글을 읽고 느낀 감동은 따뜻하고 잔잔하다는 것이었다. 하여 스스로 착하고 따뜻한 감동을 주는 글을 쓰겠다고 다짐했었다. 그 노선에 들어섰으니 참으로 고맙고 감읍할 일이다.

수필집 『호미』는 박완서 작가가 돌아가시기 전에 남긴 마지막 작품이라고 했다. 책 제목에서 예감할 수 있듯이 작가가 전원주택에 거주하면서 넓은 정원을 가꾸는 삶을 담아낸 수필집이었다. 그 책을 읽으면서 삶의 희로애락의 산맥 기, 승, 전을 넘어 결을 살고 있는 작가를 만났다. 또한, 정원에 일백 가지 넘은 꽃들을 가꾸고 있고 그 꽃들이 차례로 피었다 지기 때문에 계절마다 꽃을 볼 수 있는 행복을 과시하는 작가의 정원이 부러웠다. 그때 『호미』를 읽는 내내 "정원이 넓은 주택으로 이사하자. 나도 백 가지 넘은 꽃을 가꾸면서 계절마다 꽃을 보고 싶다."라고 욕심부렸었다. 하늘까지 뻗쳐오르던 내 욕심은 독서를 마치면서 봄눈 녹듯 사그라들었다.

일흔을 넘긴 작가는 글에서 "우리 70대들은 청소년 시절 조국이 해방되고 독립하는 광경을 맛보았고, 한국 전쟁을 당해서는 목숨 걸고 자유와 민주주의를 수호했고, 전후 복구를 위해 가난을 두려워하지 않고 많은 자식을 낳았고, 뼛골이 빠지게 일해서 그 자식들을 교육시켜 경제 성장의 주역으로 키웠다. 무엇보다 우리는 자식은 정직하고 정당한 노동의 대가로 키워야 하는 줄 알았고, 가난보다는 부정이나 부도덕을 능멸했고, 단돈 몇 푼도 빚지고는 못 살 만큼 남의 돈을 두려워했다. 우리는 이렇게 간이 작다. 그러나 간 큰 이들이 아무리 말아먹어도 이 나라가 아주 망하지 않을 것 하나만은 확실한 것은 바로 간 작은 이들이 초석이 되어 떠받치고 있기 때문이라고 좀 으스대면 안 될까."라고 말했다.

나는 사람이 꽃보다 아름답다고 늘 주창해왔으면서도 작가의 글을 읽은 후 이 땅의 어르신들을 더 존경하게 되었다. 그랬다. 우리 세대는 선조들의 수고와 피땀을 전설로 치부하면서 내 자식만 잘되면 된다고 생각했다. 오늘날 청소년들이 차마 눈 뜨고 볼 수 없는 일들을 자행하는 것은 우리 세대 부모의 아전인수격 그릇된 가르침 탓이라고 통감하고 있다. 각종 매체에서 모골이 송연한 사람이 사람이기를 거절한 사건이 보도될 때마다 나는 무릎 꿇고 두 손 들고 벌서고 싶은 심정이다. 초석이 되어 떠받치고 계신 어르신들께 회초리라도 맞고 싶을 때가 많다. (물론 그렇지 않은 훌륭한 부모들도 많이 있겠지만……)

햇살이 따스하게 내리쬐고 있었다. 이따금 부는 바람이 아직은 물러나기를 아쉬워하는 겨울의 미련 탓인지 추웠다. 정원에 수북하게 쌓였던 낙엽을 긁어내니 산뜻했다. 수선화, 원추리, 꽃잔디, 붓꽃, 개나리, 동백, 장미 등이 잎을 피우고 있었다. 지금 있는 꽃들을 사랑으로 알뜰살뜰 보살피는 것으로 만족해야 할 것 같다. 좁은 정원 손질하는데 오후 내내 시간을 허비했다. 아마도 일백 가지 넘은 꽃들이 있는 정원을 갖게 되면 노동에 치여 다른 것을 못하게 되지 않을까?

어저께 한바탕 봄비가 내린 후 좁은 정원이 아우성이다. 꽃과 잡초들이 다투어 자라고 있다. 파란색 직사각형 화분에서 부추가 예쁘게 자라고 있다. 아버지께서 돌아가신 후 아버지 텃밭에서 옮겨왔으니 우리 정원에서 생활한 지 올해로 9년째 되었다. 며칠 후면 식탁에 봄의 향기를 가득 품은 부추전을 올릴 수 있을 것이다. 그날 나는 그리움에 몸서리치리라.

8
삼일천하를 꿈꾸다

여고 시절 현모양처를 꿈꾸었다. 담임 선생님께서 장래희망을 적어 내라고 했을 때, 교사를 썼다가 지우고 공무원이라고 쓰고, 공무원을 썼다가 다시 지우고 현모양처라고 써냈다. 나름 깊게 생각하고 내린 결론이었다. 지금은 고리타분하다고 하겠지만, 삼종지도를 여자가 걷는 아름다운 운명이라고 여겼다.

결혼 후 현모양처가 되려고 몸부림쳤다. 임신 후 태교에 전념했고 아기를 양육할 때 가장 따뜻하고 편안한 보금자리 마련해 주고 싶어서 노심초사했다. 아이들이 어렸을 때는 집에 있는 엄마가 되어주겠다고 다짐하고 집에서 공부방을 운영했다. 그 아이들이 성장하여 대학생이 되었을 때, 가정을 벗어나 밖으로 직장을 다녔다. 결혼하고 30년 가까이 세월을 보내면서 가족과 동반한 여행 외에 가정을 떠나 본 적 없다.

내게 가족이란 나의 전부를 쏟아붓고 지켜온 우선순위다. 한 남자의 아내로서 그 남자의 눈언저리를 주목하고 살았다. 그 눈가에 웃을 때 잡히는 주름이 보기 좋아 그 사람 웃게 만들려고 노력했다. 보물 같은 두 자녀를 위하여 청춘을 고스란히 제물로 바치고 나르시시즘에 전율하고 있다.

올망졸망한 자녀들과 티격태격, 아웅다웅, 좌충우돌하면서 지낼 때 현관에 수북하게 쌓인 흙먼지를 쓸어내면서 나란히 놓인 신발 네 켤레를 행운의 네 잎 클로버라고 생각했었다. 나는 가족을 가을 들녘 이슬 맞고 함초롬히 핀 들꽃이 바람에 흔들리듯 바르르 떨면서 지켜왔다.

요즘은 직장이 집과 근접해 있어서 – 걸어서 5분 거리 – 집과 직장을 오가면서 우렁이 각시처럼 지내고 있다. 퇴근 후 집안일을 끝낸 후 컴퓨터를 켜고 이런저런 일을 마치면 자정이다. 마치 쳇바퀴에 갇힌 다람쥐처럼 가정과 직장을 오가면서 옴짝달싹 못하고 있다.

딱! 3일만 – 더도 말고 덜도 말고 3일만 – 홀로 여행을 떠나고 싶다.

일상을 탈출하고 싶어 외친 외마디 비명이다. 문학은 나의 이상형, 나의 운명이라고 주창하고 있다. 내가 가장 사랑하는 책 한 권 챙겨서 훌훌 떠나고 싶다.

바닷가에 닿았다면 창문을 열었을 때 바다를 볼 수 있는 숙소를 잡을 것이다. 그런 숙소를 정한 후 여장을 풀고 침대에 몸을 던지고 심호흡을 하겠다. 창문을 열어젖히고 파도 소리 방안에 가득 들여놓고 갈매기 울음소리도 초대할 것이다.

밤에는 내 베개 옆에 책을 두고 읽다가 자다가 또 읽다가 자다가 밤을 지새우고 싶다. 아침에 태양이 중천에 떠올라도 꼼짝하지 않고 침대에서 일어나지 않을 것이다. 늦잠 늘어지게 자고 해변을 산책하면서 모래사장을 맨발로 걷다가 바닷물에 발을 담그고 싶다. 모래사장에 질펀하게 앉아서 모래성을 쌓고 조개껍데기를 줍고 소라껍데기를 줍고 세파에 시달린 생각을 모두 내려놓고 아이처럼 놀고 싶다.

해변에서 맞이하는 밤은 어떤 빛일까? 밤바다에서 보는 별은 어떻게 보일까? 낮에 듣던 파도 소리는 분명 밤에는 다른 소리를 내겠지? 다시 밤에는 책을 껴안고 읽고 자고, 자다가 다시 읽고 잠을 설치고 새벽에 잠들고 싶다.

산으로 여행을 떠난다면 어떨까? 통나무로 지은 산림욕장에서 여장을 풀고 창문을 열어 피톤치드를 한껏 들이키겠지. 이름 모를 산새들의 합창 소리 들으면서 고즈넉한 휴식을 즐길 수 있으리라.

산장에서도 밤에는 책을 끼고 잠을 청하지 않을 것이다. 창문을 열면 성긴 나뭇가지 사이로 별을 볼 수 있겠지. 밤에도 노래하는 새가 있을까. 풀벌레들이 날개 비비면서 노래하지 않을까. 정오에 태양과 인사하고 키가 큰 나무들 발아래 핀 작은 들꽃들과 눈을 맞추면서 낮게 걸으리라. 그 꽃잎 만져보고 살갗을 느껴보리라. 개미들의 행렬을 따라가 보리라.

서울에서 3일을 지내는 것도 마다할 이유 없다. 가장 좋은 호텔을 숙소로 정하고 최첨단의 서비스를 누리리라. 영화배우처럼 욕조에 거품을 풀고 누워서 욕실 벽에 있는 TV를 시청하는 것이다. 폭신한 소파에 누워 영화를 감상하리라. 〈러빙 빈센트〉, 〈사운드 오브 뮤직〉, 〈스칼렛〉 등 감동받았던 영화를 다시 봐도 좋을 것이다.

밤에는 바다에서처럼 산장에서처럼 서울에서도 책을 끼고 지낼 것이다. 책을 펼쳐 읽다가 딴청을 부리고 다시 책을 읽다가 자는 척하기를 반복할 것이다. 도시 한복판에서 모두 잠들고 고요해질 때까지 비몽사몽 책을 끼고 지새고 싶다.

서울에서는 낮에 갈 곳이 많을 것이다. 조개껍데기를 줍던 시간에 대형 서점을 배회할 것이다. 개미들의 행렬을 따라가던 시간에 전시회장에 갈 것이다. 백화점에 가면 구경거리가 많아서 시간이 부족할지 모르겠다. 하마 모르지. 명품가방 손에 들고 나올지도…….

만약에 내가 가족들에게 혼자서 여행 다녀오겠다고 한다면 까르르 웃으면서 손사래 칠 것이 뻔하다. 유독 겁이 많아서 혼자 지내지 못하는 약점을 들추어내면서 놀려댈 것이다. 휴~~

홀로 떠나고 싶은 여행, 삼일천하는 꿈이런가!

9
내 마음에 뜨는 별

비가 내렸다. 하늘과 땅 그리고 삼천 초목이 애타게 기다리는 봄비가 내렸다. 작은 정원에는 초록색 잎이 살짝 땅을 비집고 나오는 중이었다. 목련 나무는 가지 끝에 꽃눈을 달고 날마다 하늘 향하여 뻗쳐 오르고 있었다.

점심시간에 그들과 마주친 후 심장이 요동치고 있다. 이틀 만에 확연하게 달라진 모습들이다. 내 새끼손가락 크기의 수선화는 그새 한 뼘 크기로 자랐다. 목련 가지의 꽃눈은 제 살을 찢고 크림색 속살을 내보이기 시작했다. 겨우내 현관을 드나들면서 앙다문 동백의 꽃망울을 쓰다듬었더랬다.

자연이 해답이었다. 그들을 볼 때마다 달콤한 사랑을 속삭였으나 요지부동이더니. 엊그제 봄비 다녀간 후 그들의 비밀이 탄로 나고 말았다. 도대체 봄비가 무엇이라 했을까.

해마다 봄비는 반가운 손님으로 찾아온다. 이번에 내린 봄비는 VVIP 대우를 해야 할 성싶다. 대지에 생명으로 스며들어 새싹을 깨우고 꽃을 피우는 거룩한 일과 온 국민의 애간장을 태우던 강원도 산불을 진화하는 위대한 과업을 달성했기 때문이다.

그 생명수가 내 마음에 길을 내고 흐르고 있다. 내 하늘을 맑게 씻어 주었다. 나의 하늘은 축복의 통로이다. 내가 착하게 살아야 할 이유가 여기에 있다. 내가 따뜻하게 살아야 할 명분이다.

그 하늘에 별이 뜨기 시작했다. 밤하늘 우러러 별 헤던 소녀 시절부터 지금까지 한순간도 손에서 놓지 않았던 문학이 데려온 별이다. 시간이 흐를수록 내 마음의 하늘에 별의 수가 더해지고 있다.

내 나이 지천명에 이르렀다. 마음은 소녀 시절의 그리움이 여전한데 거울 앞에 서면 중년의 여인이 있다. 소녀 시절에 굳게 걸어 두었던 빗장을 열어야 할까. 아니다. 싫다. 도리질한다. 내 마음의 하늘에 뜬 별 헤는 거룩한 시간이다.

최초의 별

선생님이다. 선생님을 생각하면 내 영혼의 눈시울이 퉁퉁 부어 오른다. 딱딱한 나무 책상과 나무 의자에 앉아 오롯이 칠판을 향하고 눈이 초롱초롱했던 여중생이었다. 국어 수업시간을 기다리고 선생님 손끝을 따라 필기하고 카랑카랑한 목소리를 좋아했다.

선생님은 무서웠다. 선생님을 좋아하는 학생이 드물었다. 나는 선생님을 좋아했고 국어 수업시간에 전율하면서 수업에 열중했다. 선생님과 작별하던 날 들려주신 수불석권하라는 말씀이 나를 지탱하고 있다. 과거의 언제 순간으로 돌아가겠느냐 물으면 단 1초의 망설임 없이 중학교 시절로 돌아가고 싶다. 그토록 애타는 그리움이다. 나의 하늘에 문학의 별이 뜰 수 있도록 최초의 작업을 한 선생님은 영원히 지지 않는 별이다.

나를 등단으로 인도한 별

그 별은 한 구절의 시구에 혼절할 수 있는 별이다. 그 별은 시가 없으면 죽을지도 모른다. 다른 사람들은 그 별을 보고 기괴하다고 일축한다. 그러나 나는 그 별이 시를 향하여 뜨겁게 구애하는 아름다운 면모를 잊을 수가 없다. 내 하늘에서 빛나는 별이다.

한 해에 수필과 시를 등단할 수 있도록 나를 찾아내고 닦아 빛나게 한 별! 나는 등단 소감문에서 그 별의 은혜에 결초보은하겠다고 장담했었다. 어떤 방해물이 가로막는다손 그 별을 향한 내 신의는 일편단심 하리라.

북극성

언제나 거기 그 자리에서 별들의 움직임을 주시하는 별이다. 내게 별들을 점지한 별 중의 별이다. 나는 작은 우물 안에서 그 테두리만큼의 하늘을 이고 있었다. 내가 그 우물에서 나오도록 유도하고 블랙홀같이 문학의 바다에 뛰어들게 했다.

아낌없이 전부 내어준 가르침을 어찌 잊으랴. 그 경지에 이를 수 있도록 길을 터 주시고 위태위태한 순간에도 묵묵히 지켜보는 것으로 나를 키워냈다. 그 은혜 갚을 수 없지만 한 걸음씩 반듯하게 나의 길을 가는 것이다. 내가 입은 은혜를 나도 후배에게 전승하여 그 은혜의 열매가 몇 배로 맺게 하겠다.

나를 배움으로 인도한 별

내가 작년에 대학원 박사과정에 불합격했을 때 안타까워했던 스승님은 내 하늘의 별이다. 면접시험에서 시를 암송하게 하시고 또박또박 암송하는 제자를 넌지시 옆의 감독관에게 소개했다. 그 순간 스승님 얼굴에 비치는 만족하는 미소를 보았다. 코로나로 인하여 대면수업을 못하고 비대면 수업으로 동영상 강의로 공부하는 것이 불만이다.

스승님께서는 세종시 교육감으로 출마하여 한참 선거운동하시느라 바쁘게 지내고 계시다. 세종시 교육감에 한국어 전도사 최태호! 환상적이다. 스승님께서 세종시 교육감으로 당선되어 교육에 대한 확고한 철학으로 세종시 국가백년대계를 이끌어 주시기를 간절히 기도한다.

중앙 문단으로 이끌어 준 별

그 별은 카페에 있는 내 글을 모두 읽었다고 하셨다. 나를 중앙 무대로 끌어올려서 소임을 맡겨 주셨다. 어쩌다 전화하셔서 "신문에 낼 기사문을 써서 보내주세요.", "내가 이번에 쓴 소설인데 출판 전에 미리 읽어 주세요." 등 이런저런 글을 부탁하신다. 나는 재주가 없음을 한탄하면서 낑낑대면서 혼신을 다해 글을 써서 보낸다.

그 별은 우선 칭찬이다. "김 작가, 기사문을 육하원칙에 의해 아주 잘 썼어요. 많은 분량의 글을 읽으면서 오탈자를 정리해 주어서 감동입니다. 소설에 대한 감상문도 감사합니다. 그 글에 대한 장단점을 써 주세요." 하여 나는 장점을 유창하게 써서 보냈다. 감히 단점을 찾을 수가 없었노라 말씀드렸다.

 그 별의 충고다. 기성작가로서 능력이 출중하다. 단점을 지적할 수 있는 경지다. 겸손한 인품을 알겠으나 앞으로는 과감한 글을 쓸 수 있으면 좋겠다. 내가 쓴 편집 후기에 대하여 아낌없는 조언을 주셨다. 편집 후기 잘 썼다고 하시면서 다른 문학지의 편집 후기를 읽어 볼 것을 권하셨다. 그 말씀을 듣고 내 글의 부족한 부분을 깨닫는다.

 지난주에는 내가 쓴 글의 분량을 하문하셨다. 시 몇 편, 수필 몇 편이라고 말씀드렸더니 책으로 출판할 수 있도록 정리해 두라고 하셨다. 우선 전자책으로 발간할 수 있는 기회를 주시겠다고 하셨다.

 그 별은 통화할 때마다 수필 쓰는 문장력으로 충분히 소설을 쓸 수 있다면서 소설을 쓸 것을 권면하신다. 시와 수필도 좋지만, 세계적인 명작은 소설이라는 말씀을 자랑삼아 내 어깨에 용기를 얹어 주신다. 감읍할 뿐이다.

 다시 붓을 잡았다는 별
 그 별은 우연히 연락이 닿아 카톡으로 글을 주고받는 인연이 되었다. 슬며시 놓았던 붓을 다시 잡았다고 한다. 쓴 글을 모아 출판을 앞두고 있다고 한다. 몸은 쇠약해져 가고 있지만, 마음을 붙들어 매고 열심히 글을 쓰겠다고 한다. 그 별과 세대를 아우르는 글 친구가 되기로 했다. 따뜻한 마음 모아 진심으로 응원한다.

삶의 여정에서 만나는 별, 별, 별
문학회에서 직책을 맡아 동분서주하는 나를 늘 격려하는 별, 그리고 별들이 있다. 누군가의 언행 심사를 보면 그가 어떤 사람인지 알 수 있다고 한다. 내가 일하는 모습에서 순수함을 보았단다. 사심 없이 수고하고 애쓰는 모습으로 문학회를 사랑과 화합으로 만들어가는 모습이 감동이라고 한다.

내가 더 발전할 수 있기를 빌어주는 별이다. 내 글이 더 깊이 있고 높아질 수 있도록 조언하고 백제의 고도 부여에 대하여 늘 연구하고 준비하라고 한다. 언제 어디서나 문학에 대해서, 역사에 대해서 누군가 물었을 때 당당하게 대답할 수 있도록 늘 준비하고 있으라 한다. 누군가 강의를 의뢰할 때 흔쾌히 수락할 수 있도록 자신을 채찍질하라고 한다.

사람과 사람 사이 힘들어할 때 처방으로 준 처세술이 명쾌하다. 단체 대화방에서 누군가가 모함할 때 오히려 기뻐하라고 한다. 모두가 모함받는 사람보다 모함하는 사람을 지탄할 것이라고 한다. 그러니 같잖은 모함에 흔들리지 말고 견고한 사람이 되라고 한다.

 감사가 넘친다. 홀로 걸어온 길이다. 그저 문학이 좋아서 책을 껴안고 낮이나 밤이나 지냈다. 한 편의 시에 자지러지고 눈가를 촉촉하게 적시는 외국의 늙은 작가에게 사로잡혀서 몇 날 며칠을 지낸다.

 그 문학의 길에서 나 또한 별이 되리라. 시간이 흐르고 더 흐른 후 백발의 늙은 작가가 되었을 때 후배들에게 들려줄 사연을 보석처럼 간직하련다.

 천금 같은 시간이다. 어제는 오늘의 역사가 되고 오늘은 내일의 역사가 될 터이다. 그 여정에서 호흡하는 순간마다 감사하면서 발걸음 내딛을 것이다. 샛별처럼 영롱하게 빛나는 삶을 노래하리라.

 나의 하늘에 뜨는 별이 총총하게 되는 날. 나는 별자리를 만들고 하나하나 이름을 붙여줄 것이다.

10
지금은 사랑할 때

하루를 보내고 다시 하루를 맞이했다. 여기저기서 새해가 밝았다고 난리다. 시간의 일직 선상에서 쉼표를 찍은 이는 누구인가. 삼백 육십오 개의 별에 특별한 이름을 붙여준 이는 누구인가. 돌고 도는 별들 속에 비집고 나의 궤도를 차지하려고 몸부림친다.

지금까지 걸어온 여정 뒤돌아본다. 한 여자가 걸어온 별거 아닌 길이다.

내가 나고 자란 고향은 사방이 산으로 둘러싸인 시골이었다. 겨우내 하얀 눈이 산을 포근하게 덮고 있었다. 부엉이가 우는 겨울밤에 아궁이 불 속에 묻어 두었던 군고구마를 꺼내어 커다란 항아리에서 살얼음을 깨고 꺼낸 동치미와 먹었던 유년시절은 동화와 다름없다. 따뜻한 아랫목 이불 속에서 꿀잠을 자고 예쁜 꿈을 꾸었다.

새벽녘이 되면 아랫목이 식어서 살짝 한기를 느끼지만, 곧 따뜻해지는 마법 같은 일이 일어났다. 아버지께서 가마솥에 소여물을 끓이느라 장작불을 지폈기 때문이었다. 뒤꼍으로 난 부엌문을 열면 장독대 뚜껑마다 새하얀 눈을 소복하게 이고 있었다. 우리 장독대는 엄마가 애지중지하는 엄마의 성지였다. 엄마를 나르시시즘에 푹 젖게 하는 엄마의 비밀의 화원이었다.

내 유년의 봄은 소를 몰아 산비탈 밭을 가는 아버지의 함성에서 가장 먼저 다가왔다. 앞산에서 진달래가 분홍빛 수줍은 미소를 내비치는 것도 뒷산의 뻐꾸기가 봄맞이 노래를 하는 것도 부지런한 농부 내 아버지의 뒤 차지였다. 아버지와 엄마를 따라 논두렁을 뛰어가고 밭두렁을 달려가다가 파노라마처럼 스치는 들꽃들과 풀벌레들은 모두 내 동무가 되었다. 노란 나비를 따라 나풀나풀 춤을 추면서 까르르 웃었던 계집아이가 뒤돌아보면 언제나 아버지와 엄마가 있었다. 아무것도 두렵지 않았고 아무것도 부럽지 않았던 마냥 행복했던 시절이었다.

봄이 여름을 초대하고 자리를 비켜 앉으면 엄마 따라 호미 들고 고추밭으로 갔다. 산등성이 길게 늘어선 고추밭 풀을 뽑아내면 그 옆에 있는 콩밭으로 옮겨 앉아 풀을 뽑았다. 콩밭 김매기를 마치면 고추밭에 자라고 있는 잡초를 뽑아야 했다. 마치 악보를 연주하다가 도돌이표를 만나면 그 부분을 반복하여 연주하듯이 내 여름날의 연주는 고추밭과 콩밭을 번갈아 김을 매는 도돌이표였다.

그 고단한 여정 속에서 한 편의 시로 각인된 장면이 있다. 여름밤에 마당에 밀짚으로 짠 멍석을 펼쳐놓고 엄마의 무릎을 베고 하늘을 올려다봤을 때 캄캄한 하늘을 빼곡하게 수놓은 은하수를 보았다. 엄마가 견우와 직녀의 사랑 얘기를 들려줄 때 길게 포물선을 그리면서 별똥별이 떨어지고 있었다. 엄마는 "인희야, 별똥별이 떨어질 때 소원을 말해라. 그 소원이 이루어진단다." 하고 말했다. 그 여름밤의 단상이 지워지지 않는 절절한 그리움이다.

아버지의 대지가 황금 물결을 이루는 가을은 감사 그 자체였다. 엄마는 가을을 가장 사랑했던 것 같다. 논에서 고개 숙인 벼가 가을바람에 차르르 부딪히는 소리는 하늘의 소리였다. 고추밭에서 고추를 딸 때 엄마의 감탄사를 잊지 못한다.

엄마는 "인희야, 이 고추 빛깔을 보아라. 어쩌면 이렇게 고울 수가 있을까. 가을바람이 초록색 고추를 빨갛게 물들였단다. 저기 가을 하늘을 보아라. 옥색 호수 같은 빛깔을 보아라." 하고 감탄했다. 나는 "엄마, 힘들지 않아? 여름 내내 김매기에 쩔쩔매다가 이제는 고추를 따는 노동에 시달리는 건데." 하고 푸념을 섞어 대꾸했다. 엄마는 활짝 웃으면서 가을 칭찬을 멈추지 않았다. 해마다 가을걷이를 마치고 아버지는 "올해도 대풍이란다. 너희들은 많이 먹고 무럭무럭 크면 된단다."라고 육 남매의 기를 팍팍 세워 주었다.

　나는 좋은 아버지 예쁜 엄마의 사랑을 듬뿍 받고 성장하여 소녀가 되었다. 중학교 시절은 어쩌면 내 삶의 여정에서 가장 그리운 시절인지 모른다. 계집아이가 처음으로 그리움의 빛깔을 배웠던 때였다. 그 소녀 시절에 별을 사랑한 시인 윤동주 님을 만났다. 스물여덟의 청년 시인은 가장 맑고 아름답고 순수했던 별로 내 마음에 각인되었다.

　소녀가 그토록 좋아했던 국어 선생님! 국어 수업시간에 예쁘게 꼭꼭 눌러쓴 예습 노트를 펼쳐놓고 선생님께서 내 옆으로 와서 내 수고를 알아주기를 기다렸다. 선생님께서는 수업하면서 자연스럽게 내게로 다가와서 노트를 살짝 톡톡 두 번 쳐서 나만 알아듣는 방식으로 비밀스럽게 칭찬했다.

그 순간 스스로 만족하여 전율했다. 소녀 시절 국어 선생님과 함께 보냈던 두 개의 나이테는 보석상자로 간직하고 있다. 두고 두고 그 상자를 뒤적이면서 시를 쓰고 수필을 쓸 것이다. 언젠가는 소설을 쓸지도 모르겠다. 국어 선생님께서 헤어질 때 마지막으로 들려준 "인희야, 수불석권해라. 어디서 무엇을 하든지 선생님의 마지막 당부를 기억해라."라는 말씀을 계명처럼 여기고 지켜왔다.

고등학교 시절은 우울했던 기억이 많다. 우선 인문계 고등학교에 가지 못하고 취업을 위해 상업고등학교에 입학한 것이 슬펐다. 상업고등학교 교과 과정은 대학 진학을 위한 인문계 고등학교와 다르게 취업 위주의 과목을 배웠다.

나는 주산·부기·한글 타자·영문 타자 급수 등 각종 자격증 시험에 매달렸다. 상업계 고등학교에서는 공부를 잘하는 것보다 자격증을 보유하는 것이 우선이었기 때문이었다. 주말에 대전에서 고향에 오는 친구들을 만나면 목마른 사슴처럼 고등학교에서 어떻게 공부하는지 묻곤 했었다. 흔히 여자들에게 여고 시절은 꿈 많은 소녀 시절의 대명사일 텐데 내게는 아름다운 꽃의 그늘처럼 회색의 그림자가 드리워져 있다.

    나는 고등학교를 졸업하고 직장생활을 하기 위해 상경했다. 경기도 부천시에 거주하면서 인천에서 서울로 가는 전철 1호선을 타고 서울로 출퇴근했다. 전철 1호선은 콩나물시루를 방불케 했다. 부천역에 전철이 도착하고 문이 열리면 빽빽한 사람 속으로 나를 밀어 넣어야 했다. 앞과 뒤에 있는 사람과 양쪽 옆에 있는 사람들이 생면부지이지만 밀착해야만 했었다.

    나는 그 전쟁터 같은 삶의 현장에서 독서를 했다. 어쩌다 운이 좋으면 출입문 바로 옆에 비교적 손을 움직일 수 있는 공간을 확보할 수 있었다. 그 자리는 자유롭게 책을 펼칠 수 있어서 좋았다. 그 명당자리를 차지하려고 생쥐같이 반짝반짝 눈망울을 굴리면서 기회를 노렸다. 참으로 우스운 것은 매일 같은 시간에 만나다시피 하는 사람들인지라 그 명당자리를 내게 양보하는 아저씨가 있었다는 것이다.

    국어 선생님께서 마지막으로 당부했던 한 마디. 수불석권!
    지금의 나를 만든 일등공신이다. 내 처음 그리움이었던 국어 선생님께서 주신 계명을 지켜내느라 책을 읽었던 것이 나의 가장 큰 콘텐츠가 되었으니 말이다. 내가 늦깎이 공부를 할 수 있었던 것. 시인과 수필가로 등단할 수 있었던 원동력이 수불석권이 만들어낸 힘이었다는 것을 역설한다.

국어 선생님께서는 이를 노렸을지도 모른다고 미루어 짐작하고 있다. 여전히 책을 끼고 살고 있으니 국어 선생님의 가르침은 내 운명으로 자리매김하였다고 하겠다. 그렇게 만났던 저자와 책의 내용이 고스란히 내 삶에 녹아 스며들었으니 운명을 넘어 숙명이라고 해도 과언이 아닐 터다.

꿈은 이루어진다! 꿈을 꾸는 사람들에게 좌우명이 된 문장이다. 나는 꿈은 만들어가는 것이다! 라고 덧붙이는 것을 서슴지 않는다. 그 꿈이 이루어지는 여정에서 직시하고 얻은 말이다.

산골에서 시작 노트를 가지고 다닌 계집아이가 소녀가 되고 여인이 되었을 때 시인으로 등단했다. 나는 그 여정에서 시인의 꿈을 놓지 않고 끝없이 자맥질했다. 긴 시간 동안 책을 읽었고 글쓰기를 멈추지 않았다. 시인에 걸맞게 공부를 지속했다. 시인의 말과 글은 시인을 고스란히 표출한다고 여겼다. 하여 나는 언행심사를 살얼음판 걷듯이 살피고 돌다리를 두드리는 심정으로 살고 있다.

결혼한 후 현모양처를 꿈꾸었다. 한 남자의 착한 아내가 되기 위해 밤낮으로 고민했다. 두 자녀의 지혜로운 엄마가 되기 위해 삼백육십오일 긴장의 끈을 단단하게 조이고 지냈다. 그 남자가 시댁과 지인들에게 가장 행복한 남자라는 칭송을 듣고 있다. 두 자녀가 성인이 되어 딸은 아빠 같은 남자를 배우자로 만나고 싶다고 고백하고 아들은 엄마 같은 여자를 배우자로 만나고 싶다고 했을 때 나르시시스트가 되어 춤을 추었다. 그 남자 어깨에 힘주고 당당하게 활보하고 두 자녀는 국가와 사회의 인재가 되었으니 무엇을 더 바라랴.

지금이 나에게 주는 최상의 선물이다. 부모님께 기쁨을 드리는 효녀가 되고 싶었다. 남편에게 착한 아내가 되어 주고 싶었고 자녀에게 똑똑한 엄마를 선물해주고 싶었다. 시어머니께는 따뜻한 며느리가 되어드리고 싶었다. 그것을 이루기 위해 몸부림치면서 지냈다.

참으로 고단하게 걸어온 길에 꽃이 피고 나비가 날았다. 더러 소나기 내리고 폭풍우가 들이닥친 날도 있었지만, 그 모든 것들이 하모니를 이루었다고 자부한다. 인생사 햇살만 따사롭게 비춘다면 꽃이 지고 열매 맺는 일이 있으랴. 꼬투리 안에 열매가 영글기 위해서 바람이 흔들어 주고 캄캄한 어둠도 있어야 하지 않겠는가.

지금은 사랑할 때!

문학은 내 이상형이다. 문학을 북극성 삼아 오롯이 걸어온 길이다. 하여 문학은 내 호흡이고 내 운명이라 해도 한치 어긋나지 않는다. 시제를 붙잡고 몇 날 며칠을 되새김질한다. 그러다가 섬광처럼 찰나에 빛나는 어휘가 생각나면 컴퓨터를 켜고 편린을 불러보아 이리저리 자리를 찾아주고 퍼즐을 완성한다.

더러는 잠을 자다가 떠오르는 영감을 메모하기 위해 이불에서 빠져나올 때도 있다. 분주한 일상에서 동분서주하다가 모두 잠든 시간에 책상에 앉아 책을 읽고 글을 쓰는 시간은 거룩한 시간이다. 내가 가장 나답게 빛나는 시간이다. 내가 가장 행복할 수 있는 시간이다.

나는 나를 사랑하기로 한다. 지금까지 세상을 향해 차마 열지 못하고 빗장을 고정한 채 소녀의 순수를 간직한 방을 고수할 작정이다. 세상의 조류에 걸음을 맞추지 못하는 불치를 그대로 사랑하기로 한다. 나는 계속 착하고 따뜻하게 살고 싶다.

내가 힘든 일을 당했을 때 지인들이 착해서 당하는 것이라고 충고를 주었지만 그래도 착한 내가 좋다. 선한 끝은 있다고 하지 않는가. 책이나 드라마에서도 착한 사람은 반드시 복을 받았다.

나도 착하게 살면서 복을 많이 받고 싶다. 나의 언행심사가 곧 나의 콘텐츠라는 것을 알게 되었다. 나에게 더 좋은 자양분을 주어서 한 단계 높은 경지에 나를 두고 싶다.

지금까지 나를 인도해준 별처럼 나도 누군가의 별이 되고 싶다. 내가 걸어온 길에서 만난 작은 꽃의 사연을 들려주고 옷깃을 여미게 하였던 바람의 심술을 에피소드로 들려주고 싶다. 나그네의 겉옷을 벗긴 것은 세차게 불었던 바람이 아니라 소리 없이 따뜻하게 내리쬐던 햇살이었노라고 말해주고 싶다.

내 머리 위에 흰 눈이 살포시 내리는 내 인생의 가을이 오면 후배들에게 들려줄 이야기를 준비하는 마음으로 살리라. 내 입에서 나오는 말과 내가 쓰는 글에 향기가 스며들 수 있도록 바르게 살리라. 내가 사랑한 시인처럼 잎새에 이는 바람에도 괴로워하고 별을 노래하는 마음으로 모든 죽어가는 것들을 사랑하리라.

멀리 가로등 불빛이 반딧불처럼 반짝이는 겨울밤. 작은 별 하나 창가에 바짝 다가와서 엿보는 밤이다. 반 평도 안 되는 공간에 앉아 가장 따뜻하고 부드러운 언어로 시를 써야 할 시간이다. 지금은 사랑할 때.

날마다 반복되는 일상이다.

매일 아침에 같은 시간에 같은 길을 걸어서 출근하고
종일 한자리에 앉아서 일하고 퇴근한다.
마치 다람쥐가 쳇바퀴에 갇혀 뱅뱅 도는 것과 흡사하다.

날마다 같은 길을 걸으면서 만나는 바람과 하늘은 변화무쌍하다.
감나무에 매달린 열매도 시나브로 굵어지고 있다.

생각의 전환점이 없다면 지루하고
더러는 일탈하고 싶은 욕망을 주체하지 못할 것만 같다.

내가 사는 이유가 무엇인가.

제2부
내가 사는 이유

1
나는 아직도 연애를 꿈꾼다

 나는 아직도 연애를 꿈꾼다. 다람쥐 쳇바퀴 돌리는 일상에서 전환하고 싶을 때 내가 지르는 외마디 입버릇이다. 계절이 또 다른 계절로 옮겨 갈 즈음 몸살처럼 바르르 떨면서 연애를 꿈꾼다고 실토하는 버릇은 어쩌면 불치인지도 모르겠다. 타인들이 얼핏 들으면 놀라움을 감추기 힘들겠지만 우리 가족들은 허허 웃으면서 넘겨버린다. 내 나이 지천명을 넘기고 두 자녀가 성인으로 성장한 지금도 불치는 호전될 기미가 없다.

 나의 이십 대는 교회에서 헌신하고 살겠다고 다짐했었다. 마음의 빗장을 걸어두고 거룩한 소망을 마음에 간직하고 직장생활과 교회 생활을 오갔다. 가족들의 의기투합으로 남편을 소개로 만나고 손가락 꼽을 만큼 짧은 만남 후 결혼을 했다. 작은 아파트에서 신혼생활을 시작할 시기에 우리 살림집이 고등학교 근처라는 이유로 고등학교 3학년이었던 시동생과 동거를 했다. 그때 나는 바람직한 모범적인 새댁이었다. 새벽에 일어나서 밥을 지어 먹고, 시동생 도시락을 챙기고, 저녁에도 밥을 지어서 상을 차리고 밤에 야식을 준비해서 책상에 올려두고 고단한 잠을 청했던 기억이 새롭다. 지금도 남편에게 연애 기간이 없었던 것과 달콤한 신혼이 없었던 것을 심심풀이 삼아 잔소리를 해댄다. 아마도 늙어 파파 할머니가 되어도 내 연애에 대한 한풀이는 멈추지 않을 듯싶다.

언젠가 "오늘부터 나 연애 시작했어"하고 선포하고 책을 들고 2층으로 올라갔다. 시집을 펼치고 미소를 머금은 나를 보면서 딸아이가 "엄마 애인이 누구예요?" 하고 맞장구를 친다. 나는 말없이 시집 표지를 보여주었다. 그날 이후로 나의 연애 상대는 시 한부라는 것과 언제든지 상대가 교체된다는 것을 우리 가족은 알고 있다. 몇 년 전에 태백산맥이라는 소설을 읽기 시작했을 때는 아들아이가 호들갑스럽게 아빠에게 달려가서 "아빠, 이번에 어머니 연애는 장기간 유지될 것 같습니다." 하고 말해서 가족들이 박장대소한 에피소드가 있었다.

나와 딸아이는 일 년에 두 번씩 서울 예술의 전당 한가람미술관에 전시회를 가기로 약속을 했고 고스란히 지키고 있다. 프랑스의 오르세 미술관이 왔을 때 고흐에 매혹되어서 지낸 적이 있었다. 모네와 르누아르는 지금도 우리 모녀의 대화에 등장하곤 한다. 샤갈 전에 다녀왔을 때는 감동이 몇 배 컸었다. 아름다운 색채 못지않게 샤갈이 유대인이라는 사실과 그의 그림 곳곳에 유대인의 삶 – 랍비와 성경 –을 표현해 둔 것에 감동이 커서 말을 잇지 못했었다. 샤갈은 그림으로 2차 대전 때 유대인 학살의 역사 홀로코스트를 잊지 않도록 유대민족에게 민족의식을 전해 주려는 사명을 가지고 있었다고 했다. 역시 유대인은 다르구나! 감탄을 금치 못했었다. 서울에서 내려오는 버스 안에서 그 감동을 역설한 나를 보고 딸아이는 "엄마 이번에는 샤갈과 연애 중이죠?"하고 결론지었다. 그날 우리 가족들에게 나는 국제적으로 연애하고 있다고 대단하다고 놀림을 받았었다.

　여름에 진해에서 대학교에 다니고 있는 아들아이가 3주 하계 휴가를 와서 같이 지냈다. 남편과 둘이 지내던 적막한 가정에 쿵쿵거리면서 다니는 아들 발걸음 소리가 들리는 분위기가 좋았다. 퇴근하면서 간식을 사 들고 귀가하는 시간이 달콤했다. 일과를 마치고 밤늦은 시간에 책을 펼쳤더니 아들이 바짝 다가온다. 내가 읽고 있던 책을 살짝 뺏어 들고 표지를 살피더니 갸우뚱한다. 그때 나는 『칼의 노래』를 읽고 있었다. "엄마, 이번에는 애인이 누구예요? 감 잡기 어렵네요. 작가인지 주인공인지…" "응, 둘 다야. 작가도 멋지고 주인공은 말할 것도 없지." 아들아이가 엄청 난감해하더니 소리 지른다. "와! 대박 사건이다. 아빠, 누나~~ 이번 어머니 연애는 삼각관계예요." 하하 호호 낄낄. 난리 났었다.

불타는 태양이 물러가면서 코스모스를 불러들이고 있는 계절의 기로에서 나는 다시 신음하고 있다. 오늘도 사무실을 나와서 몇 번을 푸른 하늘을 우러러보면서 탄성을 질렀다. 지금 글을 쓰고 있는 늦은 밤에 가을벌레들의 합창이 한창이다. 주체할 수 없는 이 감정을 어찌할까? 아, 다시 연애를 시작해야겠다. 내일 주말에는 서점에 들러야겠다.

2
부소산성에서 백제를 만나다

 금요일 오후에 황홀한 일탈을 소유할 수 있었던 시간이 선물처럼 다가왔다. 열심히 일한 당신, 떠나라! 언젠가 들었던 광고 문구를 소환했다. 부소산을 산책하리라 단단히 벼르고 홀로 부소산 속으로 걸었다. 부소산에 수십 번 다녀왔지만 늘 일행이 있었다. 시나브로 흐르는 시간을 따라 가을을 느끼고 싶었다. 백제의 역사가 도사리고 있는 산성에서 백제의 스토리를 듣고 싶었다.

 부소산에 오르면서 먼저 삼충사를 만났다. 삼충사는 백제시대의 세 충신의 영정을 모시고 기리는 사당이다. 성충은 의자왕 때 좌평으로 잘못된 정치를 바로잡기 위해 애쓰다가 투옥되어 식음을 전폐하고 죽은 충신이었다. 흥수는 나당연합군이 공격해오자 탄현을 지키라고 의자왕에게 간곡하게 당부하였던 것으로 유명하다. 계백 장군은 언급하면 잔소리가 되겠으나, 신라 김유신 장군의 5만 나당연합군이 황산벌로 쳐들어오자 5천 결사대로 싸우다가 장렬히 죽은 장군이었다. 삼충사에서 나라를 위해 목숨을 바쳤던 충신의 마음을 헤아리면서 사당 마당에 있는 풀꽃과 나무와 마주하고 눈을 감아 보았다. 작금의 우리나라 상황에서 그런 충신이 몇이나 있을까? 간절한 마음 잠재우고 발걸음을 옮겼다.

소나무가 뱉어내는 박하 향기가 휴식처럼 다가왔다. 참나무에서 매미가 모기처럼 작게 울고 있었다. 동료들은 모두 뜨거운 여름 목청껏 울었는데, 철없이 찬바람 부는 계절에 울음소리조차 매미답지 않게 우는 소리가 처량했다. 가슴이 아팠다. 산길을 한참 걸어서 '영일루'를 만났다. 백제 시대 계룡산의 연천봉에서 떠오르는 해를 맞이하던 곳이라고 안내문에 친절한 설명이 있었다. 누각에 올라서서 동쪽으로 향하여 시선을 돌렸다. 마음으로 아득히 바라다보이는 계룡산 연천봉에 둥근 태양이 걸리었다. 누각 난간에 걸터앉아 백제 시대의 왕과 왕비가 해맞이하면서 태평성대를 기원하는 모습을 상상해 보았다. 누각 옆에 참나무에서 상수리가 툭! 하고 소리를 내면서 떨어지는 바람에 깜짝 놀라 눈을 떴다. 그 소리가 아니었더라면 나는 백제 시대의 한순간에 머무르는 환상에서 깨어나지 않았으리라.

영일루에서 내려와서 숲길을 도란도란 걸으면서 태자골로 갔다. 옛 백제 왕자들의 산책로를 천천히 걸으면서 편안했다. 그 숲길의 사계를 생각했다. 봄에는 벚꽃으로, 여름에는 녹음으로, 가을에는 형형색색의 단풍으로, 겨울에는 눈꽃으로 아름다운 그 길을 백제의 왕자들이 산책하면서 공부하다 지친 머리를 식혔으리라. 나라의 정사를 고민하고 성군이 되기를 꿈꾸지 않았을까! 태자 숲길을 한 참 걷다가 작은 사당을 만났다.

궁녀사는 백제가 나당연합군에 의해 사비성이 함락되던 날 궁녀들이 적군에게 붙잡혀 몸을 더럽히지 않으려고 낙화암에서 꽃처럼 떨어졌던 궁녀들의 충절을 기리기 위해 세운 사당이었다. 부소산 입구에서 본 웅장한 삼충사와 비교해 볼 때 궁녀사는 아담했다. 궁녀들의 넋을 위로하기 위한 사당이 태자들의 산책로에 있다는 것이 위로가 되었다. 궁녀들이 오롯이 왕자들을 마음에 담아두고 별처럼 그리워했으리라. 궁녀사에서 그렇게 상상의 나래를 펼치면서 애절한 사랑 노래를 읊조리면서 반월루로 향했다.

반월루 누각에 올라 심호흡을 하고 잠시 휴식을 취했다. 부소산에서 가장 높은 누각에서 바라보니 백마강이 햇빛에 반짝이면서 유유히 흐르고 있었다. 부여 시내 정림사지와 오층석탑이 손에 잡힐 듯이 자리 잡고 있었다. 오층석탑에서 남쪽으로 조금 더 시야를 던지니 버드나무로 둘러싸인 궁남지가 있었다. 잠시 시간과 바람과 함께 나도 덩달아 멈추었다.

  한참을 걷고 돌아서 또 걸었다. 돌계단을 걸어 내려가서 백화정을 만났다. 백제의 한과 슬픔을 간직한 낙화암에 세운 정자였다. 여기서 나는 꼭 집고 넘어가야겠다. 백제의 마지막 왕 의자왕이 사치와 향락에 빠져서 궁녀를 삼천 명 거느렸고 백제를 멸망하게 한 왕이라고 한다. 의자왕의 태자 시절 별명이 해동증자였다고 한다. 부처님의 제자 중에 증자는 효를 상징하는 제자였으며 의자왕의 효심이 깊어서 붙여진 이름이라고 한다. 고려 시대 문인이 지은 글 중에 낙화암에 꽃잎이 삼천 송이 떨어졌다는 표현은 문학적인 과장법이었다고 볼 수 있겠다. 그리고 역사는 승자의 편에서 정복에 대해 합당한 주장을 위해 왜곡이 있었다는 것을 잊지 말아야겠다. 황산벌에서 오만 연합군과 맞선 계백 장군이 거느린 오천 결사대. 상식적으로 숫자를 볼 때 불 보듯 결과는 너무도 당연한 것 아닌가? (아, 이토록 흥분하고 화를 주체하지 못하는 것도 내 모자람이다. 불치병이다.)

  낙화암에서 계단을 걸어 더 내려가면 고란사에 다다른다. 안내문에 있는 글에서 백제 말기에 창건된 것으로 추정한다고 했다. 사찰의 유래는 암벽에 자라고 있는 고란초로부터 온 것이라고 한다. 고란사에 고란 약수가 품고 있는 이야기가 있다. 아득한 옛날 소부리의 한 마을에 금실이 좋은 노부부가 살았는데 자식이 없어서 회춘하여 자식 갖기를 소원했다. 어느 날 할머니는 부소산의 강가 고란사 바위에는 고란초의 부드러운 이슬과 바위에서 스며 나오는 약수에 놀라운 효험이 있다는 말을 듣고 남편을 보내 약수를 마시게 했다. 다음날 새벽에 남편을 보내 그 약수를 마시게 하였는데 밤이 되어도 돌아오지 않아서 찾아가 보니 할아버지는 없고 갓난아기가 남편의 옷을 입고 누워있어 깜짝 놀랐다. 할머니는 약수를 한 잔 마시면 삼 년이 젊어진다는 말을 일러주지 않았던 것을 후회하면서 갓난아기를 길렀는데 후에 백제에 큰 공을 세워 최고의 벼슬인 좌평에 올랐다고 한다. 고란 약수를 떠서 마시면서 고란 약수 이야기를 생각하다가 웃음이 터져서 기침을 했다.

　부소산을 산책하고 되돌아 나오면서 이상한 상상을 했다. 잠시 1400년 전 백제 시대로 가는 타임머신을 탔었다는 착각. 참나무에서 후드득! 상수리가 쏟아졌다. 그 녀석들 몇 개 모아서 휴대전화로 인증 사진 찍으면서 타임머신에서 내려 21세기 현실로 돌아왔다. 휴~ 찬란하고 황홀한 일탈이었다.

3
독서논술 지도 강사의 독백

　며칠 비가 내리고 흐리던 하늘이 오늘은 밝게 빛나고 있었다. 겨울이라기보다 가을이라 부르고 싶도록 청명했다. 대전에서 공부하고 있는 딸이 주말을 맞아 귀가한다고 연락을 해왔다. 집 열쇠를 챙겨오지 못했다면서 내 직장으로 와서 받아가겠다고 했다. 겨우 일주일 못 봤을 뿐이었는데 반가워서 주위 시선을 아랑곳하지 않고 꼭 안아주었다. 그 녀석이 귀에 대고 속삭인다. 본인은 아기가 아니란다. 남들이 흉볼까 부끄럽단다. 딸아이 팔에 안긴 책을 스치듯이 보고 미소를 짓고 열쇠를 건네주었다.

　창원시 진해에서 학교 다니고 있는 아들이 휴가 나오는 날에도 반기면서 챙겨 온 책을 확인하는 버릇이 있다. 아들은 과제를 위해 두꺼운 전공 책을 챙겨올 때가 많지만 독서를 위한 교양서적이나 인문학 서적을 가져와서 과시할 때가 다반사다. 내가 녀석들 독서를 강조하고 – 잔소리 수준으로 – 독서를 하는 모습을 아낌없이 칭찬하는 까닭일 게다. 그 아이들 책을 요리조리 보면서 칭찬으로 추켜세운다. 가능한 한 높이…….

내가 아이를 양육할 때 중점을 두었던 부분 중의 하나가 독서였었다. 아이를 잉태했을 때는 태교를 위한 책을 읽으면서 우주처럼 소중한 아이를 잘 양육하기 위해 준비를 했었다. 그때 태교를 위해 읽었던 책 중 하나가 『유대인 부모는 아이를 천재로 키운다』였다. 효와 인성 수업을 하면서 교수님께서 유태인의 교육 –하브루타–를 역설하셨다. 내가 읽은 책에서도 유대인의 특별한 교육인 하브루타를 다루고 있었다. 그 수업시간에 나는 염화시중의 미소를 짓고 있었다. 아무도 모르게.

나는 아이들이 성장할 때 함께 책을 읽었다. 첫째가 아장아장 걷고 둘째가 아기였을 때 두 아이를 낮잠 재우는 오전과 오후에 전래동화를 읽어 주었다. 우리 정서에 맞는 우리 지혜가 담긴 책으로 처음부터 다가서게 하고 싶었던 소신이었다. 나는 가운데 눕고 첫째는 오른쪽에 둘째는 왼쪽에 누워서 우유를 먹으면서 두 눈은 책으로 향한다. 엄마의 부드럽고 따뜻한 동화구연이 아이들에게 자장가였다. 밤에 잠을 재울 때는 소등하고 어둠 속에서 낮에 읽어 주었던 동화의 내용을 각색하면서 들려주곤 했었다. 나는 의도적으로 '의좋은 형제'를 들려주면서 아이들이 의좋은 남매가 되기를 소망했었다. 우리 아이들이 성장할 때 학습지와 학습용 교재가 다양했다. 그러나 우리 아이들은 한글 배우기를 위해 따로 교재를 사지 않았다. 아기 때부터 동화책을 함께 읽으면서 자연스럽게 한글을 익히고 스스로 글을 읽게 되었다. 둘째는 누나의 덕으로 더 어렸을 때부터 글을 읽었다. 가족동반 모임이 있는 날에 식당 메뉴판을 줄줄 읽어서 주위를 놀라게 하고, 아파트에 주차해 둔 차를 손으로 짚으면서 에스·오·엔·에이·티·에이 -SONATA- 해서 주위에서 영재라고 했었다.

나는 아이들이 학교에 입학한 후 교육지원청에 교습소 허가를 받아서 공부방을 운영했다. 그때 공부방 명칭을 '사임당공부방'이라고 지었다. 내심 율곡을 구도장원공으로 양육한 현모양처 사임당처럼 되고 싶었던 야심이 대단했었다. 공부방을 운영하면서 내 소신은 학생을 우선 사랑으로 대하는 것이었다. 학습문제 풀이는 그다음으로 미루어 두었었다. 학부모들은 상담하면서 아이가 평균 얼마를 넘었으면 좋겠다고 솔직한 심정을 쏟아냈다. 막상 아이들하고 수업하면서 힘들었던 부분은 그 부모들의 기대와 아이들의 현실이 차이가 컸을 때였다. 그 차이를 내가 채워주어야 하는 책임이 무거웠지만 아이들하고 공부하는 시간이 달콤했었다. 그때 내가 아이들에게 주었던 당근은 "공부 열심히 하는 사람은 일주일에 하루 책을 읽게 할 거야, 그날은 문제집 안 풀어도 좋아."라는 말이었다. 내 공부방에 오는 아이들은 하나같이 착하고 내 말을 고분고분 잘 들었다. 내가 당근으로 쓴 '독서의 날'을 얻으려고 더 열심히 공부했다. 학부모들도 내 교육법을 지지해 주었다.

그 무렵 나는 갈등의 깊은 늪에 빠져서 괴로워했었다. 가정에서 학부모는 성적을 올리는 것에 관심을 쏟았고, 학교 선생님들은 "학원에서 배웠지?"하고 넘어갔다. 학생 성적은 고스란히 수강료를 받고 수업을 하는 학원에서 책임을 맡아야 했다. 그 책임이 괴로웠던 것이 아니었다.

'학생들 성적이 높게 나와서 SKY대학에 갔다. 그다음은? 부모들이 짜 놓은 커리큘럼대로 살았던 그 아이들이 어떻게 미래를 살아가야 하나? 어떤 사람으로 살아가야 하나?' 나는 떨리는 양심으로 괴로워했다. 그 학생들에게 당장 눈앞에 놓여있는 학습지 문제풀이보다 더 중요한 무엇인가를 찾으려고 방황했었다.

그때 부여도서관에서 독서. 논술지도 강사 수강생을 모집했었다. 나는 조금도 주저하지 않고 수강을 신청했다. 대전에서 교수들이 와서 지도했다. 독서, 논술지도 강사 수업을 마치고 강사 자격증을 받았다. 나는 공부방 수업에 바로 독서, 논술을 접목했다. 내가 괴로워했던 해답을 독서, 논술에서 찾았기 때문이었다. 나는 학습지를 풀고 학교성적을 올려야 하는 사명 못지않게 아이들의 미래를 밝혀주고 싶었던 욕심이 부풀었었다. 그 아이들이 스스로 꿈을 꾸게 하고 싶었다. 그 아이들이 성장하여 학교를 마치고 성인이 되었을 때 우리 사회가 아름답게 빛날 수 있도록 사람다운 사람이 되었으면 하는 마음이 간절했었다. 어떤 모습이었든지 교육에 발을 들여놓은 책임을 완수해내고 싶어서 몸부림쳤었다. 그 꿈꾸는 아이들하고 공부방 교사를 하면서 보낸 20년 가까운 시간이 내 삶의 빛나는 열매가 되었다.

지난여름 길에서 우연히 마주친 아름다운 아가씨. 나에게 "선생님, 저 해윤이예요."하고 안겨 온다. 초등학교 때 수업하던 학생이 대학교를 졸업한 숙녀가 되어 내 앞에 서 있다. 책을 좋아해서 글을 쓰는 직업을 갖고 싶다고 했던 해윤이는 청주 신문사 기자가 되어있었다. 그리고 얼마 전에 학부모님이 아들이 중학교 교생실습을 나왔다고 호들갑스럽게 전화 왔다. 그 아들이 늘 독서, 논술 수업을 들으면서 좋은 교사가 되는 꿈을 간직했다고 했단다. 나는 그날 나르시시즘에 도취 되어 저녁 식사를 하는 둥 마는 둥 했다.

공부방을 할 때 문제를 풀던 아이들이 내가 잠깐 자리를 비운 틈에 작은 역모(?)를 꾀했던 날이 있었다. 내가 자리에 앉자마자 학년이 다른 아이들이 동시에 질문을 했다. 나는 당황하지 않고 이것, 저것, 그것, 아이에 맞게 대답을 했다. 아이들이 물개 박수 하면서 "와, 선생님 어떻게 동시에 대답할 수 있지요? 대단하네요." 했다. 그때 나는 독서의 힘을 강조했었다. 책은 가장 훌륭한 선생이다. 학생 시절 독서를 많이 할수록 공부에 도움이 되고 성인이 되었을 때도 독서를 꾸준히 한다면 직장에서나 일에서 부족하지 않을 것이다. 너희들이 어른이 되면 우리 사회 우리나라를 아름답고 따뜻하게 만들어라. 등등.

내 독서, 논술지도의 가장 큰 수혜자는 우리 남매다. 내가 수불석권을 좌우명으로 삼고 살고 있듯 내 자녀들도 수불석권하기를 소망했었다. 손에 책을 끼고 사는 대학교 영어영문학과 4학년 딸, 해군사관학교 3학년 아들이 자랑스럽다. 그들의 미래를 스스로 고민하고 좌표를 정하고 반듯하게 걷고 있는 위력이 바로 독서였다. 논술지도였다. 글을 마감하면서 자녀를 내세우는 팔불출 못난 어미가 된 듯 부끄럽다. 그러나 독서, 논술지도를 역설하기 위한 어쩔 수 없는 독백을 눈감아주시기를 빈다. 우리의 독서와 논술은 과거에도 현재에도 미래에도 진행형일 것이다.

4
너는 내 운명!

글을 쓴다는 것. 내게는 거부할 수 없는 운명 같은 것이다. 내 이름에 따라오는 시인 내지는 수필가라는 이름을 영광스럽게 감당하고 싶다. 그러나 때로는 못 견디게 부끄럽고 버거울 때가 있다. 전자만 취하고 후자를 버리라고 한다면… 얼토당토않은 소리다. 동전의 두 얼굴 같은 내 삶인 것을!

내 글쓰기의 추억을 뒤집어 본다. 시골아이로 성장하면서 초등학교 때부터 글을 쓰기 위한 노트를 들고 다닌 기억이 있다. 네 잎 클로버 사이에 앉아서 행운이라는 제목으로 시를 쓰던 모습이 사진처럼 선명하게 뇌리에 남아있다. 그때 나에게 문학을 말해준 사람이 없었다. 문학책을 접하지 않았던 어린 시절에 시작 노트를 들고 다닌 자신이 의아하고 한편 대견하다고 여겨진다.

나는 어린 시절에 편지 쓰기를 즐겨 했다. 초등학교 2학년 때부터 편지를 쓰고 우표를 사고 빨간 우체통에 편지를 넣을 때 희열마저 넘쳤다. 그때 천안에서 대학교에 다닌 오빠와 편지를 주고받았다. 서울에서 직장생활하는 언니들도 자주 안부편지를 보내왔고 답장을 쓰는 건 내 차지였다. 부모님의 안부와 시골의 소소한 계절의 변화를 내용으로 쓴 기억이 있다. 초등학교에서 점심시간 운동장에서 놀다가 큰 가방을 자전거에 싣고 집배원 아저씨가 오면 달려갔다. 내 편지를 가져오는 횟수가 잦은 탓에 친구들도 큰 소리로 나를 불렀다. 초등학교 때 학교에서 국군장병 아저씨께 위문편지를 쓰는 일이 해마다 치르는 행사였다. 그때 군인 아저씨 답장을 받고 몇 번의 편지가 오갔던 기억이 있다.

내가 성장할 때 동네 아주머니 중에 글씨를 모르는 분들이 많았다. 군에 간 아들에게서 편지가 오면 편지를 들고 내게로 달려와서 읽어달라고 하셨다. 내가 '어머니께' 하고 한 소절 읽으면 아주머니께서는 '그려, 그려 어서 말 혀.' 하셨다. 다시 내가 다음 소절 '건강하신지요?' 하고 읽으면 다음 소절 읽기 전에 아주머니께서는 울먹이는 소리로 '그려, 엄마는 건강혀. 내 걱정 말어.

군에 간 니가 힘들지. 에휴.' 하면서 울먹이다 앞치마에 휑하고 코를 풀었다. 그리고 내게 어서 읽으라고 재촉하셨다. 그렇게 한 통의 편지를 읽어주려면 시간이 많이 흘렀다.

나는 편지를 다 읽어주고 답장을 써야 했다. 아주머니께서 '내 새끼 재성이 보거라.' 하고 운을 떼시면 나는 '보고 싶은 아들 재성이에게'라고 썼다. 구구절절 불러주는 사연을 표준말로 바꾸어서 쓰고 마지막에 '밥 잘 먹고 건강해라. 에미가' 하고 매듭짓고 추신에 아주머니께서 부르시는 대로 받아 적었다는 것과 내 이름을 밝혔다. 그렇게 많은 편지를 읽어주고 답장을 썼다. 지금 생각해보니 아이러니한 것이 한두 가지가 아니다. 우리 동네에 선배들이 많았는데 어째서 편지를 읽어주고 답장을 쓰는 일이 내 차지가 되었을까 하는 의문이다. 작은 시골아이가 무슨 배짱으로 어르신들의 말을 받아 표준어로 바꾸었는지 허~참! 아무리 생각해도 신통하다고 여겨진다.

그렇게 성장하면서 중학생이 되었고 그리움의 주인공 국어 선생님을 만났다. 국어 선생님의 안내로 문학文學의 하늘에 풍덩 빠지고 말았다. 그해 가을에 만난 한 권의 시집 『하늘과 바람과 별과 시』는 내 운명을 문학으로 살도록 이름 지었는지 모르겠다. 가을밤 마당에 서서 두 팔 벌려 하늘에서 우르르 내 품 안으로 쏟아지는 별들을 감당할 수 없어서 울어버렸다. 그리고 별을 노래한 별의 시인 윤동주 님을 사랑하고 말았다. 지금까지 그 사랑의 빛깔은 조금도 퇴색되지 않았다. 아니 영원히 변치 않을 자신이 있다.

수년 전에 모임에서 중국으로 여행을 다녀왔다. 중국 연변과 백두산을 다녀온 짧은 여정이었다. 일행은 여행 중에 용정에 있는 항일운동의 중심지 대성중학교를 방문했다. 윤동주 시인이 다녔던 학교에 윤동주 교실이 있어서 사진을 촬영할 수 있었다. 용정에서 편찬한 윤동주 시인에 대한 책을 살 수 있었다. 지금도 지인들과 여행담을 할 때 나는 그때가 가장 좋았다고 몸서리친다.

딸아이가 초등학교 2학년 때 대전 대청댐으로 미술사생대회를 갔다. 그때 아이 담임 선생님은 아이가 그림을 그리는 동안에 학부모백일장대회에 내 이름을 올렸으니 학교 명예를 위해 글을 한 편 쓰라고 당부했다. 하늘이 캄캄했다. 문학을 좋아한 것은 까마득한 옛일이 된 지 오래고 두 아이를 양육하면서 동분서주하고 좌충우돌하던 날들이었다. 그날 나는 어머니에 대한 그리움과 물을 소재로 글을 썼다. 내 글이 당선되어서 대전 MBC방송국에서 수상하게 되었고 (수상장면이 TV에 나왔다. ㅎㅎ) 그 후로 학교에서 추천하는 학부모 대상 글쓰기대회를 거절하지 못했다. 그렇게 장거리 경주를 하면서 시인으로 등단하고 수필가로 등단했다. 내 이름에 시인과 수필가라는 이름이 훈장처럼 다가왔다.

아직도 나는 공부에 대한 한이 많아서 책을 읽는다. 내 이십 대 꽃다운 나이에 공부하고 싶어서 몸부림을 치면서 책을 읽었다. 그때 나는 활자중독자였다. 손에 책이 없으면 불안했다. 언제나 어디서나 인쇄물이 있으면 반사적으로 읽어댔다. 나는 책을 읽으면서 만나는 작가와 주인공을 애인이라 명명하고 있다. 하여 연애의 대상이 한시적이고 자주 바뀌고 있다.

현재는 재러드 다이아몬드의 『총·균·쇠』를 읽고 있다. 얼마 전 TV에서 재러드 다이아몬드 학자를 봤다. 채널을 돌리는 중에 프로그램이 끝나는 무렵이었으니 스치듯이 만난 인연이었다. 학자는 패널들에게 "2050년에 나는 이 세상에 없겠지만, 여러분들이 아름답고 좋은 세상을 만들어라. 모든 사람들이 행복할 수 있는 그런 좋은 세상…" 하고 말하면서 눈이 촉촉하게 젖어 들고 있었다. 찰나의 그 모습에 사로잡혀서 『총·균·쇠』를 품에 안고 있다. 내 연애 방식대로 말하면 지금은 재러드 다이아몬드 학자와 열애 중이라고 해야겠다.

책을 읽는 시간은 방해받지 않는 나만의 것이기를 원한다. 그 감동을 글로 쓰는 시간이 달콤한 행복 그 자체다. 결코 책을 놓을 수 없고 글쓰기를 멈출 수 없으리라.

하여 문학, 너는 내 운명!!

5
박물관은 살아 있다

　계절의 여왕 5월은 시선을 어디에 두어도 아름답다. 하늘은 맑게 빛나고 산과 들에는 아름다운 꽃들이 연초록의 나뭇잎들과 하모니를 이루고 있다. 새들도 뒤지지 않고 목청 높여 아름다운 계절을 노래하고 있다. 이때쯤이면 국립부여박물관에는 수학여행 온 학생들이 인산인해를 이루고 있었다. 우리 집이 부여박물관 정문 맞은편에 위치하기 때문에 대문을 열고 나가면 박물관이 한눈에 들어온다. 사계절 내내 주차장에 줄지어 선 대형버스와 승용차를 보고 소풍 온 학생들과 여행객을 만나는 일이 일상이었다. 그때마다 박물관을 보고 내가 뱉은 외마디가 '박물관은 살아 있다.'였다.

지금은 코로나-19의 창궐로 박물관 문이 굳게 닫혀 있었다. 박물관 도로를 오가면서 과거의 박제된 모습인 양 낯설어서 외면하고 싶었다. 아이들이 뛰면서 왁자지껄 떠드는 소리를 상상하면서 박물관 울타리를 만져보았다. 속히 코로나-19가 종식되고 예전처럼 박물관이 살아 움직이기를 기도한다.

내가 공부방을 하던 때 부여박물관 전시유물 해설하는 자원봉사를 수년 동안 했었다. 지금은 직장에 매여 있어서 옴짝달싹 못하는 신세가 되었지만, 공부방을 할 때는 오전 시간이 자유로웠다. 아이들이 하교하고 공부방에 오는 오후 시간부터 아이들과 공부하면서 이십 년을 지냈다. 그때 일주일에 하루 자원봉사자가 되어 부여박물관으로 출근했다.

내가 담당하는 날에 자원봉사자 대기실에서 기다리고 있다가 전시해설을 원하는 개인이나 단체를 인솔하여 전시관을 안내하고 전시된 유물에 대해서 해설을 했다. 나는 우리 역사에 관심이 많았다. 특히 부여는 백제 시대 도읍이었던 사비성이었기 때문에 백제 역사에 대한 자부심이 매우 컸다. 공부방을 하면서 아이들과 공부하는 것이 직업이었으니 박물관 유물해설은 자신과 공부하는 학생들에게 많은 도움이 되었다.

박물관 방문객 중에 초등학교 자녀와 함께 온 학부모들을 인솔하면서 해설할 때 내가 공부방을 하고 있다고 하면서 학생들의 눈높이에 맞추어 해설하겠다고 어필하면 학부모들은 자녀들 등을 내게 떠밀어 보내면서 "선생님 옆에 붙어서 말씀 잘 들어라."한다. 나는 학생들 학년에 맞게 교과서와 연계해서 맞춤 해설을 해주었다. 박물관 전시실을 돌면서 중점적인 유물을 잡고 스토리를 엮어서 해설하면 40분쯤 시간이 소요된다. 해설을 마치고 헤어지면서 해설이 감동적이었다고 박수를 주거나 집에 가서 체험일지 쓸 때 궁금하면 문의하겠다고 전화번호를 적어달라고 할 때 짜릿한 희열이 있었다.

몇십 명씩 단체를 인솔할 때는 해설을 마치고 나면 어깨가 축 늘어지고 목이 아팠다. 어르신들을 안내하면서 해설할 때는 어르신들께서 말씀하시도록 유도했다. 어르신들께서 구수한 사투리로 유물을 설명하실 때 귀담아듣고 역사적인 스토리를 살짝 설명해드리고 주거니 받거니 함께 발을 맞추어 걸었다. 수능시험이 끝난 후 남학생 단체가 오면 도저히 통제가 안 된다. 내가 난감해 어쩔 줄 몰라 당황하면 인솔하는 교사들이 귀띔해 주었다. "쟤들 아무 말도 안 들어요. 막 고삐 풀렸으니 그냥 두세요. 힘들게 해설하지 말고 그냥 두세요."라고. 어쩌다 개인적으로 다가와서 질문하는 학생들이 있으면 그들과 대화하면서 관람했다.

언젠가는 노년 남자와 검은 양복을 입은 젊은 남자들 네 명이 호위하면서 들어왔다. 그들이 나에게 다가와서 박물관 전시 안내를 해달라고 했다. 나는 마다할 이유가 없었다. 그들에게서 이상한 기운을 느꼈지만 개의치 않고 전시실 안내를 하고 있었다. 갑자기 박물관 관장님과 실장님과 학예사가 달려왔다. 관장님께서는 허리를 직각으로 숙이고 "위원님, 죄송합니다. 지금부터 저희들이 안내하겠습니다." 했다. 나는 깜짝 놀라 당황했고, 모두가 벌벌 떠는 위원님이라는 분은 나를 보고 "아니, 저 선생님 목소리도 예쁘고 해설 잘하시는데···"했다. 전시실에서 물러났을 때 비로소 등에서 땀이 흘러내리는 것을 느꼈다. 그러나 지금은 그 에피소드 때문에 미소 짓고 있다. 방문객이 없는 한가한 시간에 박물관 뒷산으로 난 산책로를 걷는 달콤한 행운은 덤이었다.

제1전시실 청동기시대와 사비시대 이전의 충남지역의 역사 시기를 지나서 제2전시실에 이르면 백제 시대의 역사문화와 사비시대 생활문화에 대한 유물을 관람한다. 그리고 백제시대 유물의 최고 걸작품 백제금동대향로 앞에 이르면 나는 심호흡을 한다.

"자~ 지금 여러분들 앞에 있는 아름다운 유물이 백제금동대향로입니다. 향로 아랫부분에 승천할 듯한 용이 한 발을 치켜들고 개화하고 있는 연꽃을 입에 물었습니다. 향로의 몸통은 연꽃 모양이고 중앙에 절개된 부분을 열면 위아래로 열립니다. 몸통 아랫부분에는 연꽃잎 사이에 수중생물들이 있습니다. 그리고 몸통 윗부분에는 산봉우리들이 우뚝우뚝 솟아있습니다. 산봉우리 사이에는 사람들의 모습과 신선들과 동물들의 모습이 있습니다. 향로 꼭대기에는 다섯 명의 악사가 각각의 악기를 연주하고 있습니다. 향로 맨 꼭대기에는 턱에 여의주를 가지고 하늘을 향해 날아오를 듯이 날개를 활짝 펼친 봉황이 있습니다. 이 향로에는 수중생물에서 하늘생물까지 아우르고 불교와 도교가 함께 하모니를 이루고 다섯 악사가 악기를 연주하는 평화로운 세상이 있습니다. 백제시대 간절한 염원을 모두 간직한 걸작품입니다. 가장 높은 곳에 있는 봉황의 가슴에 두 개의 연기 구멍과 봉우리 사이 열 개의 연기 구멍은 실제로 향을 피워 그을린 흔적이 있답니다. 역사기록에 백제인 들은 철을 다루는 기술이 뛰어났다고 했습니다. 아름다운 향로가 그 사실을 여실히 보여주고 있습니다.

이 향로는 1993년 능산리 절터에서 발굴되었습니다. 발굴 당시 학계를 발칵 뒤집었습니다. 서울 중앙 박물관에서 이 향로 하나만을 두고 전시회를 열었었습니다. 백제금동대향로가 발굴된 능산리 절터 옆에는 백제의 왕릉이 있습니다. 이렇게 아름답고 화려한 걸작품이 왕실의 주요 행사에서 향을 피우고 있었을 것입니다. 5만 나당연합군에 의해 위기에 처했을 때 향료를 관리하는 관리는 황급히 향로를 물두멍에 숨기고 피신했을 것입니다. 후대에 전해주기 원했겠지만 그 관리는 다시 돌아오지 못했습니다. 그렇게 이 향로는 백제의 태평성대와 슬픈 멸망의 역사를 고스란히 간직하고 1400 여 년 동안 침묵하고 있었다가 우리 앞에 나타났습니다. 향로는 말없이 온몸으로 백제를 전해주고 있습니다."

전시실 안내를 하면서 마지막에 백제금동대향로 앞에서 나는 옷깃을 여미고 이렇게 해설을 했다. 당당한 목소리로 자부심을 드높이고 마지막 애절하게 스토리를 맺는다. 와~~! 하고 탄성과 함께 박수 세례를 받을 때 엔도르핀이 팍팍 솟았다. 내 해설을 듣고 눈물을 닦는 관람객을 본 적도 있었다.

오늘은 부여박물관에 관람객들이 웅성웅성 모여드는 날이 속히 오기를 염원하면서 추억에 젖어본다. 학생들이 모여들고 왁자지껄 소란스러운 박물관을 보고 난 또 외칠 것이다. 박물관은 살아 있다!

6
잎새에 이는 바람에도

 죽는 날까지 하늘을 우러러 한 점 부끄럼 없기를/ 잎새에 이는 바람에도 나는 괴로워했다. // 윤동주 詩人은 〈서시〉에서 이렇게 노래했다.

 중학생 시절부터 읊조리던 詩였다. 그 탓이었을까. 그 시구가 좌우명이 되었고 바람의 작은 움직임에 잎새가 떨릴 때 내 심장도 바르르 떨리는 것이…

 지금까지 지내오면서 누군가와 갈등을 만들지 않으려고 몸부림치고 있다. 말을 할 때 삼가 살피고 행동할 때도 앞뒤를 넘겨

짚으면서 숙고한다. 어쩌다 오해가 있었을 때 상대에게 무조건 잘못했다고 사과한다. 설령 내 잘못이 아니었다손 치더라도 고개를 조아리면서 이해를 구한다. 얽히고설킨 등나무와 칡을 보면서 사람과 사람 사이에 따뜻한 정이 흐르게 하는 삶을 살겠노라 다짐하면서 지내고 있다. 어쩌다 말조차 못 하고 마음이 상하고 아플 때가 있었다. 내가 정말 좋아하고 사랑하는 것을 빼앗겼을 때도 속수무책으로 당하고 울기만 했었다. 그래도 꾹! 참고 조금의 시간을 보내고 나면 치유가 되고 안정을 찾을 수 있게 되었다.

그런 나를 대신해서 지인들이 버럭 화를 내는 일이 잦다. 억울한 일을 당하고 아무 대응을 못 하는 나 대신 목놓아 우는 친구를 볼 때 괴로웠다. "바보 같아. 책을 많이 읽는 것도 소용없네!" 그들이 내린 결론이었다. 그 말을 들었을 때 차라리 마음이 편해졌다.

어쩌다 직장에서나 주변에서 사람들의 갈등이 불거져 큰소리로 어필하는 상황이 되었을 때 나는 숨어버리는 버릇이 있다. 큰소리에 놀란 가슴이 아프고 심장이 너무 두근거려서 정상적으로 호흡을 할 수 없기 때문이다. 월드컵 결승전 때 전 국민이 스크린 앞에서 열광할 때도 나는 스크린 앞에 앉지 못한다. 팽팽한 긴

장감이 있는 그 시간을 내 심장이 견디지 못하기 때문이다. 그러나 우리나라 선수들이 선전하기를 간절히 바라고 우승의 결과에 대해서는 뛰면서 환호한다.

TV를 시청할 때 경연을 통하여 누군가의 승과 패를 가를 때도 시청하는 내내 안타까워하고 패자를 향하여 고뇌하곤 한다. 그때마다 가족들은 경연이 주는 스릴감이 사람들이 좋아하는 이유라고 핀잔을 주곤 한다.

그런 새가슴을 가진 내가 운전한다는 것은 도저히 엄두를 낼 수 없었다. 운전면허증을 취득하고 십 년이 지나도록 운전을 못했었다. 내게 책을 읽으라면 몇 날 며칠을 읽을 수 있었다. 글을 쓰라면 끙끙거리면서라도 쓸 수 있었다. 운전은 도저히 내 영역이 될 수 없다면서 체념해버렸었다. 언젠가부터 용기 내어 운전할 수 있게 되었다. 지금은 심호흡하면 대전에 갈 수 있고 천안에 다녀올 수 있게 되었다. 스스로 운전하면서 대견스러워서 꿈을 꾸는 것인가 하고 생각하곤 했다. 운전하면서 심장이 조금씩 강심장이 되었다고 자부한다.

의연하게 지내라. 내가 망설이고 주저할 때 지인이 충고했다. 그 말을 들었을 때 부끄러웠다. 자신이 무능하게만 느껴졌다. 아닌 것을 아니라고 말하고 옳은 것을 옳다고 할 수 있는 지극히 평범한 사람으로 살 수 있기를 원한다. 그리할 수 있을 것만 같은 용기와 자신감이 시나브로 자라고 있는지도 모르겠다.

그러나 '잎새에 이는 바람에도' 아파하고 눈물짓는 나를 결단코 잃고 싶지 않다. 설령 바보라는 소리를 들을지라도 그 삶의 노선을 바꾸지 않으리라.

내 웃음이 누군가의 슬픔을 덮어버릴까 두려워하는 마음으로 지내고 싶다. 내 눈물이 누군가의 기쁨을 사그라들게 하지 않는지 뒤척이면서 살고 싶다.

7
그대를 보낸다

　비가 추적추적 내리고 있었다. 우리 집 대문 옆에 박제된 수문장 매그를 데려가기 위해 견인차가 도착했을 때 하염없이 내리는 빗물이 슬픔을 배가되게 했다. 나는 매그의 몸을 어루만지면서 '매그, 그동안 수고 많았어. 우리 가족을 지켜주어서 정말 고마웠어. 마지막까지 너를 안고 지낸 우리 가족의 사랑과 의리를 기억해 줘. 안녕.' 하고 그에게 마지막 이별을 고했다.

　매그가 견인차에 매달려 억지로 떠나는 모습이 우리 시야에서 사라질 때까지 수진이는 동영상으로 매그의 마지막 모습을 남기고 나는 흐르는 눈물을 주체치 못했다. 우리는 그를 떠나보내고 거실에 멍하니 앉아서 한참을 침묵했다. 수진이의 두 눈도 빨갛게 충혈되어 있었다.

매그는 18년 동안 우리 가족과 동고동락했다.

비 오는 날에 아이들 학교에 달려가서 하교하는 아이들을 태우고 왔다. 눈 오는 겨울에도 학교로 달려가서 아이들과 함께 하교했다. 내가 공부방을 할 때 수업을 마치고 대학원으로 달려갈 때도 매그가 동행했다. 병아리 초보운전자가 길을 잘못 들었을 때 차근히 목적지에 데려다주었다. 매그는 초보가 밤길에 등을 켜지 못하고 도로를 달려올 때도 당황하지 않고 무사히 집으로 데려왔다.

4년 전 고등학생 3학년 아들이 진해에 있는 학교로 면접시험을 보러 가는 날에 무뚝뚝한 충청도 아빠와 아들의 동행에도 마다하지 않았다. 그 부자가 진안휴게소에서 나눈 감동의 드라마를 간직하고 의리를 지켜준 수호신 같은 존재였다. 아들이 진해에 있는 학교에 최종 합격한 후 입시설명회, 가입교, 입교식, 학교축제 등 왕복 천 킬로미터의 거리를 단기간에 몇 번씩 오가는 때에도 불평 한마디 없었다.

수진이가 휴학하고 시험공부를 할 때도 매그는 충직하게 임무를 수행했다. 스트레스를 가득 안고 있는 아이를 데리고 한밤중에 외곽으로 달리는 수고를 마다치 않았다. 차창을 내리고 아이가 소리를 질러도 귀를 막지 않고 묵묵히 들어주었다. 눈 오는 밤에 온몸으로 눈을 맞으면서 달리던 매그는 우리 모녀의 행복한 함성을 듣고 웃음 지었을 뿐이었다.

매그는 우리 가족의 일원이 되어 언제 어디서나 함께 했다. 우리 가족의 행복한 여행은 매그가 있었기에 가능했다. 강원도 낙산사에서 바라본 바다의 절경과 오죽헌에서 만난 구도장원공 율곡과 현모양처 사임당을 만났던 작년 여름의 여행은 추억의 하이라이트였다. 동양의 나폴리 통영과 목포를 다녀온 지 채 한 달이 못 되었다. 그렇게 매그는 우리 아이들이 올망졸망 초등학생 때부터 성년이 되기까지 동행했다.

언제부터인가 매그의 몸이 여전하지 않았다. 장거리 여행을 할 때 힘에 부친 모습이 역력했다. 매그는 속력을 올리면 겁을 냈고, 고속도로를 달리다가 휴게소를 만나면 쉬고 싶어 했다. 지인들이 불협화음을 내는 매그를 보고 우리 가족을 향해 걱정했다. 그만 새것으로 바꿀 때가 되었다고 했다. 장거리 가다가 도로에서 사고 날 수 있다고 겁을 줬다. 어느 순간부터 매그와 나들이를 나가면서 우려를 하게 되었고 그와의 동행이 불편해졌다.

두 달 전에 남편과 함께 자동차대리점에 방문했다. 대리점 직원의 설명을 들으면서 이것저것 시승하면서 순간이나마 기분이 좋았다. 그들은 실내가 넓고 옵션이 멋지게 장착되어있는 모습으로 내 마음을 사로잡았다. 멋진 차에 앉아서 탄성을 지르면서 감동하는 내 모습을 말없이 지켜보는 유리문 너머의 매그와 눈이 마주쳤을 때 너무도 미안했다. 매그의 슬픈 눈빛을 대하는 순간 매그가 노쇠했어도 새것과 바꿀 수 없다고 깨달았다. 대리점 직원의 달콤한 유혹을 뿌리치고 나오면서 우리 부부는 매그가 수명을 다하고 멈출 때까지 동행하자고 약속했다.

지난주 토요일 나와 수진이는 매그를 타고 천안 출판기념회 행사에 다녀왔다. 그날 천안 출판기념식장으로 출발하기 전에 남편은 매그의 상태를 점검하면서 우리의 나들이를 우려했다. 나는 출발 직전 매그의 핸들을 잡고 "매그야 우리를 부탁해. 오늘 무사히 다녀와야 해. 힘내 줘. 알았지?" 하고 기원을 했다. 천안에서 행사를 마치고 부여로 돌아오는 길에 장대비가 쏟아붓고 있었다. 한 치 앞을 볼 수 없어서 운전에 미숙한 내가 부들부들 떨고 있을 때, 수진이가 어른처럼 당황하지 않고 격려했다. "엄마, 걱정하지 마세요. 앞만 보고 천천히 가세요. 비가 많이 내리고 있지만 우리는 무사히 부여 집에 도착할 수 있을 거예요. 매그야, 조심조심 달려줘~~"하면서 용기를 주었다. 캄캄한 빗속을 뚫고 우리 모녀는 부여에 무사히 도착하여 안도의 심호흡을 할 수 있었다.

다음 날 아침에 매그의 심장이 완전히 정지되었다는 것을 알았다. 우리 가족은 예정된 매그의 운명을 받아들이면서 순간 침울한 표정을 떨쳐내지 못했다. 이내 약속한 것처럼 이구동성으로 매그가 우리 가족을 마지막까지 지켜주었다고 감탄했다. 우리는 그날 아침 식사를 먹는둥 마는둥 했다.

그 후 매그는 일주일 동안 우리 집 대문 옆에 서 있었다. 우리 가족 네 명은 누구도 왜! 매그를 폐차장으로 보내지 않느냐고 묻지 않았다. 우리는 외출할 때 매그를 대하면서 충분한 애도의 시간을 보냈다. 가족 여행을 계획한 3일 동안 발이 묶여 옴짝달싹 못 하면서도 이맛살을 찌푸리지 않았다. 심장이 멎은 매그가 박제된 모습으로 대문 옆에 서서 수문장의 임무를 수행하는 모습을 더는 볼 수 없게 되었을 때, 우리는 매그를 보내고 새로운 수호신을 맞이하기로 했다.

오늘 견인되어 떠나는 매그를 배웅하면서 그와 함께 보낸 18

년의 동고동락이 파노라마처럼 스쳐 지나갔다. 그리고 나는 매그를 우리 가족사에 당당한 일등공신으로 기록하고 있다.

　그대여, 안녕! 그대와 동고동락한 추억을 오래오래 기억하리라. 참으로 고마웠어. 우리 가족의 분신이었던 매그너스야 잘 가.

8
사물인터넷 시대의 인권

우리는 과거로부터 발전을 거듭했다. 그 발전은 가속하여 사물에게 인공지능을 부여하여 인간과 사물이 함께 생각하고 행위하고 소통하도록 하는 사물인터넷 시대를 가져왔다. 태생의 한계까지 넘나드는 줄기세포의 연구로 치료용 인간 복제를 운운하는 시대에 와있다. 줄기세포로 만들어낸 인간에게서 치료에 필요한 장기나 기관들을 빼서 쓰고 나머지는 쓰레기처럼 처리되는 몸서리칠 일이 코앞에 와 있다. 부모로부터 물려받은 몸의 털끝 하나라도 손상을 입으면 안 된다는 윤리는 전설이 될 위기에 놓였다. 인성마저도 기계 속의 데이터베이스화 되어 버린 상황에서 인권을 논하는 것이 어처구니없는 일이 아닌지 처연하다.

우리는 매 순간 인권을 주창하고 있다. 부모는 부모의 권리를 내세우고 교사는 교권을 부르짖고, 학생은 학생의 인권을 외치고 있다. 직장과 사회 어떤 단체든지 인권을 역설하고 있다. 지당하다. 우리는 사람이기 때문에 누구나 태어나면서부터 자연적으로 하늘로부터 부여받은 천부인권을 가지고 생태계의 왕으로 위풍당당 군림하고 있다.

우리는 언젠가부터 '사람이 먼저다.'하고 말하면서 '엄지 척'을 서슴지 않는다. 그렇지만 우리가 사람이라고 모두 먼저라고 주장한다면 어불성설이 될지도 모르겠다. 꽃은 아름다운 빛깔과 향기를 뿜어내고 동물은 동물의 특징을 가지고 살고 있듯 사람은 사람으로서 갖추어야 하는 성품을 지니고 사람답게 살아야 한다. 하여 필자는 '사람다운 사람이 먼저다.'라고 고쳐 말하고 싶다.

우리는 매체를 통하여 사람이 사람답지 않은 사건들을 대할 때 아연하게 된다. 인면수심의 흉악범죄 앞에서 범죄자는 최소한의 인권조차 보호받지 못하고 국민 앞에 얼굴이 공개된다. 죄인이 당하는 수치는 그렇다손 치더라도 그의 부모 형제와 지인들조차 고통을 감내해야 한다. 하여 우리가 올바른 인성을 가지고 선을 지향하는 사람다운 삶을 살아야 한다는 가르침은 진리가 되었다.

우리가 주창하는 인권이 사람다울 때 지켜지고 보호받는 것이라고 할 때 교사는 교사로서 학생은 학생으로서 사람의 성품을 유지할 때 교권을 주장하거나 학생의 인권을 역설하지 않아도 자연스럽게 유지되고 지켜질 것이다. 고관대작이 권리를 내세우고 주장하는 것보다 먼저 어려운 사람들을 지켜주고 사회적으로 소외된 사람들을 보살펴 줄 때 그의 권리는 찬란하게 빛을 발할 것이다.

그렇다면 작금의 시대가 요구하는 인권은 권위를 내세우고 권리를 주장하는 것이 아니라 약자를 보호하고 어려운 사람들을 도와주고 소외된 사람들을 보살펴주는 것이라는 믿음이 굳어진다. 그렇다, 사람다운 사람이 먼저다. 어쩌면 인권은 인성이 피워낸 꽃일지도 모르겠다. 우리 모두 사람과 사람으로 어우러져서 살아갈 때 세상은 올바른 인성들이 피워낸 빛깔과 향기로 가득한 인정의 꽃밭이 될 것이다.

수년 전 바둑의 황제 이세돌 기사와 인공지능 바둑프로그램 알파고(AlphaGo)의 대국을 시청하면서 아연하여 입을 다물 수 없었다. 사람이 만들어낸 인공지능프로그램과 사투를 벌이는 이세돌 기사가 알파고에 무너지지 않기를 바랐다. 이세돌 기사가 바둑계의 황제를 뛰어넘어 인류를 대표하는 사람으로서 사람이 만들어낸 인공지능쯤은 거뜬하게 물리쳐주기를 간절하게 빌었다. 아뿔싸! 다섯 번의 대국에서 이세돌 기사는 1승 4패로 알파고에 무릎을 꿇었다.

그 후 그는 은퇴를 선언했다. 그가 은퇴를 결심한 이유를 텔레비전 방송을 통해 접하고는 오랫동안 의기소침해 있었다. 그가 일곱 살 때부터 아버지께 배운 바둑은 예술이었다고 했다. 바둑판 위에 놓여있는 흑색과 백색의 바둑돌이 만들어내는 예술작품을 보면서 자부심이 컸다고 했다. 그는 알파고와 대국을 앞두고 당연히 본인이 이길 수 있다고 자신했다고 했다. 그러나 알파고와의 대국에서 수학적 계산으로 승리하는 AI를 보고 과연 바둑이 예술인가? 바둑을 예술이라 믿고 달려온 32년이 AI 앞에서 흑과 백이 그려내는 작품이 아닌 그저 확률싸움에 지나지 않는다는 것을 깨달았을 때 절망했다고 했다. 그에게 바둑은 더는 예술이 될 수 없다고 말할 때 그의 두 눈이 촉촉하게 젖어 들었다.

AI라는 발전한 기술이 사람을 대신하는 현실이 되었다. 앞으로 우리는 사람의 의미와 가치를 어디에서 찾을 수 있을까. 우리는 알파고가 결코 넘볼 수 없었던 1,324승의 전설 이세돌 기사의 삶과 역사를 주목해야 한다. 이세돌은 알파고에 승복 될 수 없고 감히 알파고가 승복해서도 안 되는 인류를 대표하는 사람이기 때문이다.

사람이 꽃보다 아름답다고 했다. 한 시절 피었다 지는 꽃은 예술과 문학의 주연배우로 등장하고 사랑의 메신저가 되기에 충분했다. 그러나 사람이 한평생 살아오면서 겪은 역사와 깊은 주름살에 묻어 둔 희로애락을 어찌 필설로 다할 수 있으랴. 그토록 위대하고 고귀한 사람과 어찌 한갓 기계와 대면할 수 있으랴. 알파고는 여반장 같은 미미한 현상에 불가할 뿐이고 인권은 거룩한 불가침의 영역이 되어야 한다.

하여 우리는 인류라는 공통분모를 껴안고 사람의 영역을 사수해야 한다. 사물에게 우리의 권리를 부여하고 그것에게 인권을 빼앗기는 과오를 범하는 일은 결코 있어서는 안 된다. 우리가 만든 기계의 노예가 되는 끔찍한 일은 용납될 수 없다. 우리의 뜨거운 사랑의 대상이 사람이 아닌 기계가 될 때 만물의 영장 인류는 자멸의 늪으로 추락할 것이다.

신은 사람을 창조하고 생육하고 번성하라고 명령했다. 부모를 공경하고 서로 사랑하라고 했다. 사람이 교만과 탐욕으로 바벨탑을 높게 쌓아 올렸을 때 가차 없이 무너뜨렸고, 사람이 차마 눈 뜨고 볼 수 없는 죄악과 음행이 가득한 소돔과 고모라 성은 불바다로 심판받았다. 사람이 사람이기를 포기한 이 시대 사람들에게 두렵고 떨리는 경고의 메시지가 되기를 바란다.

9
초보 사회복지사의 하루

오늘은 이른 아침부터 출근을 서둘렀다. 새벽 6시 동트기 전 겨울 아침은 사방이 캄캄했다. 자동차는 온몸을 휩싸고 서리꽃으로 꽁꽁 얼어 있었다. 새벽잠을 밀치고 어둠을 헤치면서 산골 마을 속으로 운전해 가는 과정이 황홀했다. 고양이 눈을 비비면서 조금도 불만할 수 없었다.

재가 복지센터 사회복지사의 주된 업무 중 하나는 수급자 가정을 직접 방문하여 재가 서비스가 잘 수행되고 있는지 확인하고 수급자를 상담하는 것이다. - 재가 복지센터에서 요양을 받는 어르신을 수급자라고 명명한다. 그와 동시에 수급자를 직접 돌보는 요양보호사 선생님을 만나서 수급자의 욕구를 인지시키는 것도 간과해서는 안 된다. 하여 요양보호사 선생님께서 수급자의 가정에서 일하는 시간 중에 방문해야 한다. 새벽에 돌봄을 받는 가정에 상담을 들어가느라 오늘은 별바라기 출근이 되었다.

재가 복지센터의 장점은 어르신들께서 기피하는 낯선 시설이나 기관에 들어가는 것이 아니라 어르신들의 가정에 요양보호사 선생님이 직접 찾아가서 서비스를 하기 때문에 안정적이고 편안한 환경에서 돌봄을 받는다는 것이다. 재가 복지센터에서는 수급자의 욕구를 우선 고려하여 계획을 세우고 요양보호사 선생님을 파견하여 돌봄을 드리고 사회복지사는 한 달에 한 번 수급자 가정을 방문하는 주된 업무를 갖는다. 요양보호사 선생님께서는 수급자께서 원하시는 대로 가사 일을 돌보고 식사를 준비한다. 외출에 동행하고 집안을 정리 정돈하고 위생을 점검한다. 치매가 있어서 인지를 도와드려야 하는 어르신께는 색칠공부와 한글 공부 및 숫자 공부를 가르쳐드린다. 노인성 질환을 앓고 있는 어르신들의 건강을 살피고 복약 중인 약을 챙겨드린다. 요양보호사 선생님들께서는 이구동성으로 모두가 자식 같은 마음으로 어르신들을 케어하고 있다는 자부심이 하늘에 닿아있다.

수급자 가정에 방문하면 먼저 휴대전화를 열어서 국민건강보

힘 장기요양서비스 스마트 장기요양 앱을 열어서 어르신 가정에 부착된 태그에 접속한다. 사회복지사가 수급자를 방문한 날짜와 시간이 공단에 전송되면서 업무를 시작한다. 그리고 어르신을 만나서 인사드리고 혈압을 재어드리고 건강상태를 살펴 드린다. 이런저런 대화를 통해 어르신의 마음을 열어드리고 요구사항을 파악하고 서비스를 계획한다.

수급자 어르신을 만나는 대목에서 직업적인 전문성이 와르르 무너진다. 어르신들을 만날 때 아버지를 만난 것처럼 와락 껴안고 엄마를 만난 것처럼 두 손을 꼭 잡는다. 필자는 인당수에 몸을 던진 심청이가 아버지를 만나는 절정의 장면처럼 눈물 없이 볼 수 없는 드라마를 연출한다. 어르신의 등을 토닥토닥 쓰다듬고 두 손을 꼭 쥐고 인정에 사로잡혀서 같이 울고 같이 웃다가 약속된 시간을 보내 버린다. 사회복지사로서의 중요한 서류 업무를 미처 챙기지 못해서 두 번 걸음 하는 것이 다반사였다.

오늘은 처음 업무에서 상실한 전문성을 차곡차곡 챙기겠다고 다부지게 마음먹었다. 그러나 필자의 결심은 아무 소용이 없었다. 어르신을 만나자마자 껴안고 잠은 잘 주무셨는지 식사는 잘 하시는지 편찮은 곳은 없는지 화장실을 가는 것은 어떤지 여쭙는 것까지는 흔들리지 않고 카랑카랑하게 말했다. 수급자 어머니께서 내 손을 잡고 "선상님, 이렇게 추운디 워떻게 운전해서 왔댜? 손이 차네. 어여 이불 속으로 들어와. 그리고 갈 때는 저짝 길로 가. 그 짝 글은 좁아서 도랑에 빠질 수 있으니께. 차 끌고 다닐 때 조심혀야 혀." 하고 자식을 타이르듯 걱정하셨다. 필자는 어머니의 따뜻한 마음을 고스란히 전해 받고 감동해서 엉엉 울었다. 하늘나라에 계신 어머니를 만난 것만 같았다.

수급자 아버님께서는 커다란 대봉감 홍시를 주시면서 아버님 앞에서 먹는 것을 보겠다고 지키고 계셨다. 요양보호사 선생님께서 귀한 분께만 특별히 드리는 것이라고 귀띔해 주셨다. 아버님 앞에서 꾸역꾸역 홍시를 다 먹고 헤헤 웃었더니 아버님께서도 밝게 웃으시면서 됐다고 하셨다. 그리고 따뜻한 곳에 앉았다가 몸을 녹이고 가라고 당부하셨다.

얼마 전 손을 수술하신 어머니께서는 실밥을 뽑은 상처를 보여주시면서 불편하다고 하소연하셨다. 어머니 상처를 만져드리고 겨우내 따뜻한 곳에서 잘 지내시라고 말씀드렸다. 어머니께서는 "복을 베풀어야 복을 받는 겨. 우리 앞집 할아버지는 손님이 오면 그냥 보내는 법이 없었댜. 없는 살림에 들구 대접하려고 하더라고. 그러더니 그 손자들이 전부 잘되었지 뭐여. 그리고 뒷집 할아버지는 그 옛날에 거지가 동냥 왔는디 워쨌는지 알어? 글씨 그 쪽박을 깨면서 쫓았댜. 그 집 손자들이 전부 잘못됐댜. 남에게 서운한 말도 허면 안뎌. 누군가 가슴에 한을 심으면 그 사람이 벌을 받더라구." 하고 정성스럽게 주시는 교훈을 들으면서 머리를 주억거렸다.

어르신들을 만나고 사무실로 돌아와서 상담일지를 쓴다. 필자는 버릇처럼 '사람이 꽃보다 아름답다!'고 주창했다. 수급자 아버님께서도 불꽃 같은 청춘을 보냈으리라. 어머님께도 복사꽃 아롱진 뺨을 가진 순정의 시절이 있었으리라. 고장 날 줄 모르는 세월이 속수무책으로 그분들을 무너뜨리고 있었다. 그분들의 사연을 귀담아듣고 훌륭한 교사로 모시리라 다짐한다.

수급자 어머니께서 파마하러 시내 미용실에 가야겠다고 하셨다. 귀가 어두워서 듣지 못하시고 기저귀를 사용하시는 어머니께서 거울을 보면서 염색도 해야겠다고 하셨다. 여자의 변신은 무죄라고 했던가! 다음 방문에는 꼬불꼬불 파마머리로 반갑게 맞이해 주실 어머니를 생각하면서 헤실헤실 웃고 있다. 좌충우돌 초보 사회복지사의 고단한 하루다.

10
소녀가 사랑한 별

나는 오늘도 동산에 올라 하늘을 우러른다. 어둠 속에서 찬연하게 빛나는 별을 찾는다. 겨울바람 옷깃을 파고들고 나도 별도 파르르 떨고 있다. 우두망찰 서서 별 헤는 버릇은 소녀 적부터 여전하다. 세월이 이만큼 나앉아 있어도 별을 맞이하는 경건은 언제나 거룩한 의식이다.

소녀의 별 하나!
열다섯 살 소녀가 처음 만난 詩人은 스물여덟 청년이었다. 시집 『하늘과 바람과 별과 詩』를 만난 것은 운명이었다.

서시

　　　　　　윤동주

죽는 날까지 하늘을 우러러
한 점 부끄럼이 없기를,
잎새에 이는 바람에도
나는 괴로워했다.

별을 노래하는 마음으로
모든 죽어가는 것을 사랑해야지
그리고 나한테 주어진 길을
걸어가야겠다.

오늘 밤에도 별이 바람에 스치운다.

　소녀는 작은 동산에 올라 친구들이 술래잡기하는 동안 시집을 펼쳤다. 그들이 우르르 몰려가고 땅거미가 내려 등을 떠밀면 동산을 내려왔다. 소녀가 성장하여 사회인이 되었을 때도 시인을 동경하는 마음은 일편단심이었다.

　〈서시〉를 좌우명처럼 가슴에 새기고 살아왔다. 시인처럼 잎새에 이는 미세한 바람에도 괴로워하면서 바르르 떨었다. 어떤 중차대한 선택의 위기에 놓였을 때 내가 결정하는 선택의 포커스는 하늘을 우러러 한 점 부끄럼이 없는 것이어야 했다.

소녀 시절에 시인을 만난 후 지천명에 이르도록 그리움의 빛깔은 퇴색되지 않았다. 지천명에 소녀로 살 수밖에 없는 운명! 그의 나이가 언제나 스물여덟이기 때문이다.

그 별을 따라 여기까지 왔다. 가장 순수한 모국어로 詩를 쓴 윤동주 시인. 그가 부끄러움에 떨어야 했던 순간을 더듬었다. 그의 이름과 빛과 향기를 송두리째 빼앗은 나라를 증오했다. 그 나라에 여행하는 것조차 완강하게 거부하면서 지금까지 왔다.

수년 전 중국 여행 중에 그의 고향에 머물렀다. 그가 다녔던 중학교에 방문하고 그가 앉아서 공부했던 자리에 앉아 보았다. 그의 고향에서 펴낸 책을 사 왔다. 카페에 그의 공간을 만들어 그의 詩를 한 편씩 탑재하고 있다. 내가 시 낭송가가 되어 무대에서 시 낭송하던 날 맨 처음 〈별 헤는 밤〉을 낭송했다. 내가 그를 사랑하는 방법이다. 그를 위해서 무엇을 어떻게 해야 하는지. 몸부림치는 날들이다.

그의 옆에서 그와 함께 빛나는 별이 되고 싶다. 먼 훗날 내가 별이 되어 그에게 가는 날 그에게 들려줄 많은 말들을 준비해야 한다. 나의 말과 글과 행동이 모두 나의 공적이 될 것이고 그것들은 그에게 들려줄 사연이 될 터이다. 그의 발자국에 나의 발을 맞추면서 살얼음판을 걷는 이유다.

소녀의 별 둘!
아, 선생님! 가슴에 걸려 통증으로 다가오는 별이다. 중학교 2학년 때 만난 국어 선생님은 판도라의 마지막 상자다.

영원아!

꾀꼬리 같은 목소리로 詩 잘 외웠어.
예습 꼼꼼하게 잘했네.
틀리라고 낸 시험문제 유일하게 맞은
똑똑한 영원.

세파에 시달려도 모습 변치 마라.
인문계 고등학교 갈 수 없다니…
마지막으로 부탁할게.

꼭! 수불석권해라.

언제 어디서 무엇을 하든지

수불석권 잊지 마라.

선생님과 수업했던 '소나기'는 아직도 꿈에 등장하는 소재다. 수업시간에 황진이의 시를 배울 때 선생님께서는 서화담이 부럽다고 했었다. 어쩌면 그때 나는 황진이같이 절절한 그리움을 시로 쓰고 싶어 시인을 꿈꾸었을 것이다.

나의 스무 살 시절은 선생님의 마지막 당부 때문에 활자중독이란 불치병에 걸렸었다. 손에 책이 없는 날에는 전철 안에서 승객이 읽다 버린 구겨진 신문을 펼쳐 읽었다. 버스 정류장의 빼곡한 글씨를 허겁지겁 읽었다. 회색의 고층건물 숲에서 별을 찾다가 몽유병 환자처럼 주저앉아 울어버렸다.

선생님께서 주신 마지막 말씀 수불석권을 지켜내면서 세월이 흐른 후 등단하여 시인이 되고 수필가가 되었다. 언제나 그 자리에서 빛을 발하는 북극성처럼 선생님의 말씀은 좌표가 되었다. 내가 외도하지 않고 반듯하게 걸어온 발걸음을 자랑스럽게 보여줄 수 있다.

별이여, 사랑이여!

영원 김인희

당신을 향하여 피어난
그리움이 동산으로 이끕니다

구름 걷힌 맑은 밤하늘
또렷한 당신이 있습니다.

장대비가 내리는 밤에도
거기 그 자리 당신이 있음을 알아요

별이신 당신은
언제나 스물아홉 청년

가장 순수한 모국어로 사랑을 노래하고
조국의 암울한 역사 앞에서 오열했던 당신

중국에서는 동북공정 중국 조선족 애국시인이라 하고
남쪽 바다 건너에서 국적 분쟁을 야기하고 있는

참혹한 현실에 주저앉아 목놓아 웁니다.

조선의 독립과 자유를 갈구했던 독립운동가
조선인의 정체성을 부르짖은 저항 시인
원수의 땅 형무소에서 빛을 잃은 조선의 별

억울하게 빼앗긴 별이여!
몸부림치게 그리운 사랑이여!

결코
다시는
당신을 잃지 않겠습니다.

 얼마 전 가족들에게 '나 국어 선생님 찾을 거야. 수단과 방법을 총동원하여 만날 거야.'라고 선언했다. 남편은 도움이 필요하다면 돕겠다고 했고 자녀들도 선생님 만날 수 있기를 응원했다. 선생님 주소를 들고 대문을 나서려는 찰나에 주저앉고 말았다.

 내 그리움의 선생님은 박제된 중학교 시절의 선생님이었기 때문이다. 나도 더 이상 소녀 시절의 모습이 아니었다. 사춘기 소녀를 중년의 여인으로 만들어 놓은 시간이 선생님의 모습을 어떻게 변화시켰을까. 이 생각 저 생각으로 끙끙하다가 미루어 두기로 했다.

하여 아직도 내 마음 한구석에는 못다 핀 소녀가 있다. 여기에 에피소드가 있다. 부여에서 정착하고 교회를 찾아 신앙생활을 할 때다. 교회 가족들이 오랜 시간이 지난 후에 이구동성으로 말했다.

나를 처음 만났을 때 세상과 동떨어진 말과 행동이 가식 같았다고 했다. 하여 내가 없을 때는 당신들끼리 몇 년 지나고 나면 본색이 드러날 테니 두고 보자고 내기를 했다고 했다. 이십 년의 세월이 흐른 후에 당신들이 불러주는 이름이 '소녀'가 되었다.

내가 차마 열지 못한 상자 하나. 그 판도라의 상자 안에는 소녀가 있고 소녀가 사랑한 별이 있다.

11
내가 사는 이유

날마다 반복되는 일상이다. 매일 아침에 같은 시간에 같은 길을 걸어서 출근하고 종일 한자리에 앉아서 일하고 퇴근한다. 마치 다람쥐가 쳇바퀴에 갇혀 뱅뱅 도는 것과 흡사하다. 날마다 같은 길을 걸으면서 만나는 바람과 하늘은 변화무쌍하다. 감나무에 매달린 열매도 시나브로 굵어지고 있다. 생각의 전환점이 없다면 지루하고 더러는 일탈하고 싶은 욕망을 주체하지 못할 것만 같다.

내가 사는 이유가 무엇인가.

자문하는 날들이 잦다. 잠시라도 여백이 생기면 우울하게 다가오는 질문에 답을 찾느라 허둥지둥 일을 찾는다. 직장에서는 일에 묻혀 시간이 가는 것을 잊을 수 있는데 그렇지 않을 때는 잠시의 여백에도 흔들리는 자신이다. 그때마다 일을 만들어 자신을 일에 묶어둔다. 가정에서 청소하고 요리를 하고 화장실에 갇혀 손빨래를 한다. 일에 쫓기다 보면 활력이 생기고 분주하게 일하다 보면 허밍으로 노래를 부르고 있는 자신이다.

부모님 슬하에서 마냥 순수하게 성장하던 유년은 행복 그 자체였다. 하늘 같은 아버지와 한 떨기 과꽃을 유난히 사랑했던 아름다운 어머니 곁에서 언제나 별빛 꿈을 꾸었다. 아버지께서 가난한 농부라서 대학에 진학할 수 없다는 것을 알게 될 때까지는…

스무 살 시절에는 부천에서 살면서 서울에 있는 전력회사로 출퇴근했다. 인천에서 서울로 가는 1호선 전철은 그 당시 '지옥철'이라는 닉네임을 달고 콩나물시루같이 빽빽하게 사람을 태웠다. 그 전철을 타고 출근할 때는 흡사 전쟁을 방불케 했다. 인천에서 전철이 도착하면 부천 역에서 빽빽한 틈바구니를 비집고 승차해야 하고 용산역을 지나 남영역에서 하차할 때는 핸드백 끝이 끊어진 적이 있었다. 어느 날은 구두 리본 장식이 떨어져서 달랑달랑한 채 출근한 적이 있었다. 아침에 새로 신은 스타킹 올이 나가는 것은 다반사였다.

　시골에서 상경한 스무 살 사회 초년생은 그렇게 치열하게 삶의 노선에 뛰어들었다. 거무튀튀한 빌딩 숲에서 호흡조차 크게 할 수 없이 의기소침했던 자신이었다. 알프스를 떠났던 하이디가 도시에서 몽유병에 걸려 방황했던 것처럼 무엇인가 찾아 헤매던 시절이었다. 불현듯이 중학교 때 국어 선생님께서 수불석권하라고 당부했던 말씀을 기억해냈다. 그때부터 자신의 손에는 책이 들려 있었다. 장르를 가리지 않고 책이라면 닥치는 대로 읽었다. 기독교 서점을 단골로 이용하면서 기독 서적을 구해서 많이 읽었던 기억이 있다. 부천을 떠나 천안으로 이사 올 때 기독교 서점에서 헤어지는 것이 섭섭하다고 선물을 주었던 기억이 새롭다.

　천안에서 2년 정도 지내다가 지인의 소개로 지금의 남편을 만나서 결혼하고 부여에 정착하게 되었다. 결혼생활을 하면서 딸과 아들을 낳고 전업주부로 지냈다. 고등학교 시절 장래희망을 현모양처로 정했던 것을 기억하고 철저하게 살림살이했다. 가정 중심으로 지내면서 두 자녀를 잉태했을 때는 태교에 신중했다. 태교에 관한 옛 어른들의 가르침이 담긴 책을 읽으면서 말하는 것과 행동하는 것을 주의했다. 태중에 있는 아기가 딸이라면 공주처럼 아들이라면 왕자처럼 키우겠다고 다짐했었다.

남매를 양육하면서 생활계획표를 짜서 벽에 걸어 두었다. 초등학교 때 방학마다 커다란 대접을 엎어서 스케치북에 동그라미를 그리고 피자 조각처럼 시간을 나누어서 계획을 세우듯이 자녀들을 양육했다. 가장 밝고 따뜻한 목소리로 책을 읽어주고 동화를 들려주었다. 오전과 오후 정해진 시간을 산책하면서 만나는 풀을 만져보게 하고 꽃 이름을 알려주고 따라 부르게 했다. 가게 앞을 지나갈 때 가게 이름을 손가락으로 가리키면서 한 글자씩 또박또박 읽어주었다. 동화책을 읽어줄 때도 책 제목을 손으로 가리키면서 글자를 짚어 읽어주었다. 자녀들이 아장아장 걸음마를 하면서부터 동화책을 줄줄 읽었다. 지인들은 신동이라고 영재라고 야단이었지만 누군들 그렇게 정성을 들였다면 못했을까. 자연히 실소를 머금는다.

자녀들을 양육하면서 자신 안에 잠자고 있던 꿈이 꿈틀대기 시작했다. 상업학교를 졸업한 후 직장생활을 하느라 대학 공부를 하지 못했던 한이 가슴에 갇혀 있었던 것이었다. 큰 딸아이가 다섯 살 되고 둘째 아들아이가 세 살 되었을 때 두 자녀를 안고 공주에 있는 한국방송통신대학교 학습관을 찾아가서 원서를 접수했다. 대학 졸업장뿐 아니라 공부를 제대로 하겠다고 벼르고 기세 좋게 영어영문학과에 지원했다.

내 삶의 여정에서 그때만큼 치열했던 적이 또 있었을까. 두 자녀를 품에 끼고 방송으로 공부를 했다. 지금은 컴퓨터를 통해 온라인으로 학습할 수 있는 좋은 환경이지만 그때는 TV로 방송되는 시간에 맞추어 수업을 들었다. 자녀들과 실랑이하면서 제대로 방송을 듣지 못할 것을 우려해서 매방송마다 비디오테이프에 녹화해 두고 반복해서 수업을 들었다. 중간고사 두 번 학기말 시험 두 번 매년 네 번의 시험을 치르고 점수에 따라 통과하고 점수가 미치지 못하면 과락으로 다음 학기를 재수강해야 했다.

고군분투가 따로 없었다. 4학년 되던 해 갑상선 수술을 하게 되었다. 중간고사 기간이라 학교 측에 수술해서 시험에 응시하지 못하게 되면 어찌해야 하는지 문의했더니 시험을 치르지 않으면 무조건 과락이라고 했다. 어찌나 미련하였는지 목에 거즈를 두른 상태로 시험 보러 가다가 버스 안에서 잠시 혼절했었다. 과락으로 한 학기를 더 연장해서 공부한다는 것을 견딜 수 없었다. 그토록 치열하게 매달렸건만 전공과목 과락이 있어서 영어영문학사가 되기까지 5년이 걸렸다.

대학을 졸업한 후 2층집을 구했다. 1층은 살림집으로 사용하고 2층은 공부방을 차려서 초등학교 아이들과 방과 후에 공부했다. 방 벽면을 동화책으로 꽉 채우고 면학 분위기를 조성했다. 상담차 방문한 부모들은 망설이지 않고 자녀를 등록했다. 그 기대에 부응하고자 신실하게 뛰었다. 우리 집 앞에 있는 초등학교에서 많은 아이들이 '사임당 공부방'을 거쳐 갔다. 주말에는 독서 논술 지도를 했고 저녁에는 중학생 영어 과외를 지도했다. 더러는 거리가 먼 아파트로 출장 수업도 나갔다.

공부방을 운영하면서 논산에 있는 건양대학교 사회복지학과 대학원에 진학했다. 공부방을 마치고 자동차를 운전해서 대학원에 가서 교수님과 동료 선생님들과 공부할 때 너무 행복해서 탄성을 질렀다. 교수님과 대면하고 수업을 하는 것이 꿈만 같았다. 자신의 열정적인 수업 태도에 지도교수님께서는 "K 선생님이 학부생이라면 키워주고 싶다."라고 했었다. 사회복지학과 대학원 답사 여행으로 다녀온 나병 환자들이 있는 소록도 방문도 잊지 못할 추억이다.

큰 딸아이가 대학교에 진학했을 때 현모양처 우렁이 각시도 밖으로 나왔다. 자녀들에게 집에 있는 엄마가 되어주겠다고 집에서 공부방을 운영했던 자신과의 약속을 지켜냈다. 공부방을 할 때 자신의 미래를 계획했었다. 막연한 계획이었지만 자신의 나이 50대에 사회복지사로 일하고 강의를 하겠다고 했었다. 어느 날 노트에 적어두었던 미래 플랜을 펼쳐 읽다가 소스라치게 놀랐다. 그 꿈의 노선에 들어선 자신을 발견했기 때문이었다.

초등학교 시절 시작 노트를 들고 다니던 계집아이는 불혹의 나이에 등단하여 시인과 수필가가 되었다. 등단할 수 있었던 것은 스무 살 시절 앓았던 불치병 활자중독증에 걸렸던 것이 자산이 되었다는 것을 역설한다. 참으로 고단하지만 대견하게 걸어왔다. 독서의 원동력은 글을 쓸 수밖에 없는 운명의 길로 이끌었다. 글을 쓰면서 희열을 느끼는 중년이다.

가정에서는 안주인으로 권세를 누리고 밖에서는 직장인으로 일할 수 있어서 참 좋다. 문학회의 사무국장으로 편집국장으로 맡겨진 일들이 감사하다. 늘 해결해야 하는 일들이 자신을 기다리고 있다. 문학회 답사 시 인솔하고 사회 진행하는 일, 편집하기 위해 컴퓨터와 마주하고 일하는 시간, 써야 할 글이 숙제처럼 기다리고 있을 때…….

자신이 사는 이유를 찾는 소중한 시간이다. 참으로 감사하고 행복하다. 내일은 어떤 일이 기다리고 있을까 두근두근 설렌다.

아내는 그 남편에게 '행복한 남자'라는 훈장을 주고 싶었다.
아내는 한 남자匹夫인 그를 시댁에서, 친정에서, 지인들과 자녀들 앞에서
하늘의 위치에 두었다.
아내는 말과 행동으로 그를 존중했고 우러르고 살고 있다.

우리 부부가 나르시시즘에 푹 빠져 헤어날 수 없는 이유다.
딸이 아빠 같은 남편을 만나고 싶다고 했다.
아들이 엄마 같은 아내를 만나고 싶다고 했다.

매일 아침 가장 맑은 목소리로 아내의 잠을 깨우는 남자가 있다.
잠꾸러기 아내는 행복하다!

제3부
나의 사랑 나의 가족

1
너는 한 송이 꽃과 같이

　먼 산새 소리가 알람이 되어 잠에서 깬 토요일 아침이다. 발뒤꿈치를 들고 살금살금 주방으로 가서 식탁 모서리에 앉아 있는 씬지로이드 한 알 삼킨다. 거실에 있는 책상과 노트북을 방안으로 들고 왔다. 수진이는 새벽녘에 간신히 잠을 청했을 것이다. 나의 소음으로 지니의 잠을 방해하지 않으려고 이어폰으로 대학원 강의를 수강했다.

　수진이는 대학 졸업 후 취업을 위해 공부하고 있는 꽃다운 청춘이다. 작은 다람쥐가 되어 쳇바퀴에서 내려오지 못하고 있다. 책상에 앉아 책을 끼고 캄캄한 밤을 하얗게 지새우고 새벽에 침대에 든다. 시험시간이 카운트다운 되면서부터 식사를 제대로 못 하고 있다. 그나마 소화를 시키지 못해서 등을 어루만져주고 차가운 손을 주무르면서 체온을 전달해주는 것이 부지기수다.

강의를 들으면서 집중하지 못하고 수진이를 위해서 무엇을 해 줄까. 이런저런 생각으로 분주했다. 낮에 책상에 자신을 묶어두고 생각은 온통 꿈에 박제시킨 지니를 위해서 밖으로 나가 태양을 만나게 할 기막힌 계획을 세웠다.

수진이가 잠에서 깰 시간쯤 외출할 수 있도록 밥을 지었다. 근처에 있는 마트에 가서 유부초밥 재료를 사고 간단한 간식거리를 준비했다. 수진이가 좋아하는 식혜도 잊지 않았다. 예쁜 유리 그릇에 유부초밥을 만들어 담았다. 식혜·떡·수박·사과 등 빠짐없이 차곡차곡 가방에 챙겼다.

텐트를 꺼내고 작은 담요와 방석을 챙겼다. 자동차에 짐을 싣고 지니를 깨워 야외로 나가서 점심을 하자고 했다. 미처 잠에서 깨지 못한 수진이는 눈을 반쯤 뜨고 고개를 끄덕이는 것으로 대답했다. 지니를 태우고 시골길을 달려 도착한 우리 둘만의 비밀의 화원에 당도했다.

한적한 도로 옆에 텅 빈 정자에 텐트를 치고 준비한 음식을 차렸다. 수진이가 눈을 동그랗게 뜨고 이 많은 것을 언제 준비했느냐고 감탄이다. 동에 번쩍 서에 번쩍 번갯불에 콩을 볶는 사람이 바로 엄마라고 칭찬 일색이다. 수진이는 식사하면서 내가 원하던 바대로 말이 많아졌다.

내가 식사를 마치고 텐트를 정리한 후 담요를 펼치고 수진이에게 잠시라도 누워서 쉬라고 권했다. 수진이는 앉아서 엄마 얼굴을 보고 말하는 것이 좋다며 음식 준비로 힘들었을 거라며 나를 눕혔다. 수진이의 본격적인 달변이 시작되었다.

수진이는 공부하는 것이 힘들지 않다고 한다. 친구들은 공부하고 싶어도 못하는 경우가 있다면서 수진이는 스스로 과거를 준비하는 한량이라고 넉넉한 미소를 짓는다. 시험 날짜가 임박해서 긴장하는 것은 당연지사라며 걱정하지 말라고 한다. 수진이가 엄마를 위해 국어 강의에서 배운 詩를 들려주겠다고 해서 눈을 지그시 감았다.

수진이가 휴대전화를 열어서 백석 시인의 시 〈여승〉과 〈노루〉를 들려주었다.

여승

백석

여승女僧은 합장合掌하고 절을 했다

가지취의 내음새가 났다
쓸쓸한 낯이 옛날같이 늙었다
나는 불경佛經처럼 서러워졌다

평안도의 어느 산 깊은 금점판
나는 파리한 여인女人에게서 옥수수를 샀다
여인은 나어린 딸아이를 때리며 가을밤같이 차게 울었다

섶벌같이 나아간 지아비 기다려 십 년이 갔다
지아비는 돌아오지 않고
어린 딸은 도라지꽃이 좋아 돌무덤으로 갔다

산꿩도 섧게 울은 슬픈 날이 있었다
산절의 마당귀에 여인의 머리오리가
눈물방울과 같이 떨어진 날이 있었다

수진이는 〈여승〉을 읽어 주고, 시간의 흐름에 따라 전개되는 것이 아니라 역순행적으로 시상이 전개되는 부분을 강조했다. 한 여인의 비극적인 삶에서 인생을 전개함에 간결한 문장으로 감정을 절제하여 표현했다고 설명을 덧붙였다.

　수진이는 1930년대 일제 강점기 역사 속에서 여인의 삶에서 시대를 볼 수 있다. 섶벌같이 나아가 지아비, 어린 딸의 죽음을 도라지꽃이 좋아 돌무덤으로 갔다고 표현한 부분이 슬프다고 감상을 말해주었다. 나는 말 없이 수진이의 목소리를 들으면서 바람에 흔들리는 나뭇가지에 나를 맡기고 의지와 상관없이 춤을 추었다.

노루

백석

　　장진長津 땅이 지붕 넘어 넘석하는 거리다
　　자구나무 같은 것도 있다
　　기장 감주에 기장 찰떡이 흔한 데다
　　이 거리에 산골사람이 노루새끼를 다리고 왔다
　　산골사람은 막베 등거리 막베 잠방등에를 입고 노루
　새끼를 닮었다.

노루새끼 등을 쓸며
터 앞에 당콩 순을 다 먹었다 하고
서른 닷 냥 값을 부른다
노루새끼는 다문다문 흰 점이 백이고
배 안의 털을 너슬너슬 벗고 산골사람을 닮았다.

수진이가 백석 시인의 〈노루〉를 들려주었을 때 내 눈에서 눈물이 흘러내렸다. 처음 듣는 시였으나 형언할 수 없는 슬픔이 가슴으로 파고들었다. 수진이는 내 눈물에 놀라지도 않고 화장지로 살짝 닦아내고 계속 말을 이어갔다.

수진이는 막베 잠방등에를 입은 산골 사람과 노루 새끼가 서로 닮았다는 부분에서 공감했다고 했다. 가난한 산골 거리시장에서 노루 새끼를 팔려고 값을 흥정하는 초라한 산골 사람과 자신을 팔려고 흥정하는 것을 모르는 새끼 노루의 순박한 모습이 서로 닮았다는 것을 강조했다.

수진이가 마지막 연에서 '새까만 눈에 하이얀 것이 가랑가랑한다'라는 부분을 말하면서 산골사람과 이별을 아쉬워하는 듯한 노루의 눈물을 선명하게 표현했다고 말하면서 울먹였다. 수진이는 새끼 노루를 팔 수밖에 없는 산골 사람과 팔려갈 수밖에 없는 노루 새끼의 닮은 운명에서 연민을 느낀다고 말했다.

수진이가 들려준 달콤한 말이다. 지니는 국어 공부를 따로 시간 내서 하지 않아도 된다고 한다. 다른 과목 공부할 때 힘들거나 스트레스가 쌓일 때 국어 공부를 하면 치료 효과가 있다고 한다. 엄마가 어렸을 때부터 독서를 강조하면서 독서 습관을 들였기 때문이라고 엄마에게 공을 돌렸다. 수진이는 문학을 좋아하고 글을 잘 쓰는 차세대 보석 같은 문학인이다. 수진이는 시와 에세이를 일기 쓰듯 쓰면서 소설을 쓰고 싶다는 야심을 품고 있다.

수진이는 촘촘한 시간 속에서 블로그에 글을 올리고 있다. 제법 많은 구독자가 생겨서 더러 사업가들이 자신들의 글을 써달라고 프러포즈하는 모양이다. 엄마는 '네 글이 가볍게 거래되는 글이 되는 것을 원치 않는다. 더 공부하고 깊이 있는 글을 쓸 수 있기를 바란다.'라고 권면했다.

수진이는 엄마처럼 살고 싶다고 말한다. 자녀가 어렸을 때는 자녀교육에 정성을 쏟아 주고 친가 형제들과 외가 형제들과 화합하는 엄마의 모습이 교훈이란다. 아빠에게 착한 아내이고 자녀들에게 지혜로운 엄마가 좋단다. 자녀들이 성인이 되고 자신의 길을 자신 있게 걷고 있는 아름다운 여자가 바로 엄마란다.

그래서 엄마가 자신의 롤모델이라고 한다. 몸 둘 바를 모를 칭찬이다.

 청출어람이다. 수진이는 엄마보다 훨씬 멋진 여성이 될 것이다. 한 송이 꽃과 같은 수진이의 향기가 텐트 안에 가득 차 있었다. 유월의 어느 토요일에.

2
걱정 말아요. 그대

　직장에서 우연히 들었던 음악이 마음에 안착하고 토닥토닥 위로해준다. '그대여 아무 걱정 하지 말아요… 지나간 것은 지나간 대로 그런 의미가 있죠… 후회 없이 꿈을 꾸었다 말해요. 새로운 꿈을 꾸겠다 말해요.' 분주한 일상에서 의지와 상관없이 한 해를 보내고 새해를 맞이해버렸다. 하염없이 흐르는 시간을 야속하다고 탓할 수는 없다. 팔을 걷어붙이고 의연하게 시간 앞에 선다. 2020년, 그와 행복한 동행을 하리라 다짐한다.

　대학생 딸이 2년 전에 졸업을 한 학기 남기고 휴학하고 공부하고 싶다고 했을 때 주저하지 않고 응원했다. 대학 졸업을 미루고 취업준비를 하는 신풍속도(?)를 고스란히 떠안았다. 처음에 시험 준비를 하면서 딸은 부모에게 자신이 그린 청사진을 의욕에 찬 목소리로 브리핑했다. 공부를 열심히 해서 1년 만에 목표를 이루겠단다. 그것이 본인이 할 수 있는 최상의 효도라고 호언장담했다. 온실 안의 화초처럼 자라면서 아르바이트도 하지 않았던 딸아이가 처음으로 통과하는 터널을 만난 셈이다.

시험공부를 하면서 밝고 아름다운 딸의 얼굴에 어두운 그늘이 드리우기 시작했다. 두통에 시달리고 음식을 먹으면 소화를 못 해서 체하는 일이 잦았다. 설상가상으로 중학교 때 교정했던 치아가 어긋나서 교정을 다시 했다. 독서실을 오가면서 공부에 시달리고 치과에서 다니면서 교정을 하느라 음식을 제대로 먹지 못했다. 딸이 입는 옷이 헐렁해지면서 살이 쑥쑥 빠지고 있다는 것을 알 수 있었다. 그 시간들을 고스란히 지켜보면서 딸이 공부하는 동안 나도 성장하고 있었다. 아이들이 어렸을 때는 내가 앞서 걸으면서 길을 안내했고 아무도 걷지 않은 눈길을 걸을 때도 앞서서 발자국을 새겨두고 따라 걷도록 유도했었다. 그렇게 소리 없이 극성스러웠던 일들이 파노라마처럼 펼쳐졌다. 그러나 더 이상 관여하지 않겠다는 약속을 스스로와 했다.

성인이 된 딸이 자신의 미래를 위해 좌표를 설정하고 항해를 시작했으니 묵묵히 응원해주리라 거듭 다짐했다. 날마다 변화무쌍한 딸의 표정을 살피면서 불볕더위 아래서 살얼음판을 걷고 있었다. 가끔 자동차를 운전하여 외곽으로 나가서 차창을 내려주고 소리를 꽉 지르라고 했다. 하늘이 가득 내려앉은 넓은 평원에 앉아서 딸의 넋두리를 들어주면서 노을이 물러가고 별이 빛나기까지 시간의 흐름을 공유했다. 상대의 어려움을 못 견디고 미루어 짐작해서 앞서 헤아리는 약점을 가지고 있는 나. 보배처럼 아끼는 자녀의 외로운 걸음을 비켜서서 지켜보는 것은 여간 힘든 것이 아니었다. 차라리 자녀를 등에 업고 달려가서 목적지에 내려주고 싶은 마음이 굴뚝같았다. 아서라. 내면에서 강하게 말렸다.

뜨거운 태양의 입김이 찬 기온에 닿아 서리꽃으로 피어난 계절에 궁남지에서 국화축제가 있었다. 형형색색의 아름다운 국화축제에서 어두운 딸의 얼굴이 극적인 대조를 이루었다. 그날 차가운 딸아이 손을 잡고 축제장을 걸으면서 어떤 말도 하지 않았다. 벤치에 앉아 사파이어 빛 하늘을 보고 눈부시게 핀 국화를 보면서도 딸은 끝내 미소를 짓지 않았다. 그날 밤에 옥상에 앉아 별을 헤아리면서 작게 콧노래를 불렀다. 휴~~ 안도했다.

연말로 접어들고 달력이 마지막 한 장 남았을 때 딸에게 독서 논술 지도과정 수강을 함께 하자고 프러포즈를 했다. 지친 마음을 추스르고 재미있는 교양과목을 수강하는 가벼운 마음으로 참여하자고 유혹했다. 딸은 망설임 없이 동의했다. 그렇게 우리 두 모녀의 독서논술 지도과정 수업 나들이가 시작되었다. 자동차로 80분 소요되는 거리를 오가면서 딸은 예전처럼 밝게 웃으면서 대화를 했다. 독서논술 수업이 재미있고 훌륭하신 교수님 만난 것도 행운이라고 들떠있었다. 두 번째 수업을 다녀온 후에는 주마다 아침 일찍 서둘러 가서 박물관을 견학하고 수업에 가는 것이 좋겠다고 선수를 쳤다.

우리의 처음 견학은 독립기념관으로 정했다. 딸은 천안박물관을 우선 가고 싶다고 했지만, 올해(2019년)가 기미독립선언(3·1운동)과 임시정부수립 후 백 주년이라는 내 말에 두 손 들고 항복했다. 딸은 독립기념관 관람을 마친 후 학생 때와 감동이 다르다고 말하면서 표정이 의연해졌다. 우리나라 대한민국을 뜨겁게 사랑하겠다고 주먹에 힘주고 독립투사처럼 선언하는 모습을 보고 내 가슴에서도 뜨거움이 복받쳤다. 그 순간은 우리도 임시정부요원이었고 독립군이었고 광복군이었다.

딸이 충절의 고장 충청도에서 태어나고 충청도에서 살고 있는 현실이 자랑스럽다고 연단에 선 연사처럼 역설하는 모습은 혼자 보기 아까웠다. 천안박물관을 견학했을 때 천안이 우리나라의 요충지라고 우리는 약속한 듯이 똑같이 감동했다. 삼국시대 전성기를 나타내는 영상을 보았다. 고구려 전성기에는 천안이 고구려에 속했고, 백제의 전성기에는 백제에 속했고, 신라의 전성기에는 신라에 속했다. 우리는 동시에 아하! 그래서 천안이 한반도의 중심지이고 하늘 아래 평안이 가득한 이름(天安)을 가졌구나 하고 탄성을 했다. 그리고 우리는 동시에 '천안이 대한민국이다!'하고 외쳤다. 초등학생 두 아이와 동행하면서 박물관 체험을 하는 가족사진을 찍어주고 우리의 과거 모습을 보는 것 같다고 하면서 하하 호호 웃었다. 순간 우리 웃음소리가 너무 커서 민망해서 도망치듯 박물관을 나왔다.

마지막 주에는 홍대용과학관을 관람했다. 과학관은 외곽에 있었고 소박한 모습이었지만 우리는 충분히 감동할 수 있었다. 우주 사진을 전시하는 공간에서 우리는 호흡조차 멈추고 별을 주제로 한 사진을 관람했다. 나는 마치 은하철도 999를 탑승하고 우주 정거장에 내렸다고 착각을 했다. 사진 제목을 메모하는 나를 보고 어른처럼 웃고 있는 딸이 곁에 있어서 행복했다. 딸이 어렸을 때는 전시관을 관람하면서 내가 말을 많이 했었는데, 시간이 흐르고 성장한 딸이 시험공부를 하면서 알게 된 사실이라고 덧붙여가면서 친절하게 설명할 때 딸의 손을 잡고 전시장을 걸으면서 마냥 행복했다. 관람을 마친 후 병천 아우내 장터 맛집을 찾아서 순대볶음을 먹었는데 딸의 표현을 빌려 말하면 너무 맛있어서 눈물이 날 것 같다고 했다. 그 맛을 못 잊어서 이 주 후 다시 찾았다는 사실도 우리 추억 속에 덤으로 저장했다.

그렇게 우리는 5주 동안 독서논술 수업을 열심히 하고 자격검정시험에 합격하여 진로교육지도사 자격을 취득했다. 자격증을 받은 날 딸은 '야호, 올해 목표 하나 이루었다~!'하고 함성을 질렀다.

수진, 걱정하지 말고 또박또박 걸어라. 걷다가 터널을 만나면 당황하지 말고 의연하게 전진해라. 앞을 보고 걷다 보면 반드시 밝은 빛이 나타나 출구로 인도할 거야. 네가 견디어내야 하는 네 몫을 의젓하게 감당해. 오솔길을 만나거든 잠시 쉬었다 가도 좋겠네. 작은 들꽃을 만져보고 시냇물을 만나면 바지를 걷어 올리고 돌에 앉아서 시냇물에 발을 담그고 구름의 유영을 보고 새의 노래를 들어 봐. 햇빛을 받아 다이아몬드처럼 반짝이는 나뭇잎을 볼 수 있을 거야. 그 속에서 느끼는 행복의 가치는 재벌의 자산과 견주어도 결코 초라해지지 않을 거야.

엄마는 장담할 수 있어. 너의 힘찬 전진에 모든 긍정적인 기운을 담아 응원한다. 그리고 하늘만큼 땅만큼 사랑한다. 언제나 너를 응원할 거야.

걱정 말아요. 그대!

3
25년, 그리고 다시 제주도!

제주행 비행기에 탑승하기까지 많은 우여곡절이 있었다. 가족처럼 지내는 지인들과 여행계획을 세울 때마다 이구동성으로 제주도를 노래했다. 그럼에도 불구하고 제주여행의 로망은 개개인이 시간을 맞출 수 없어서 늘 수포가 되고 말았다. 강산이 변한다는 시간이 흐르고 제주도 여행이 만장일치로 결정되었고 항공권을 예매했다.

아뿔사! 불청객 신종코로나바이러스가 기대에 부푼 우리를 주저하게 했다. 분분한 의견을 누르고 철저한 개인위생을 지키자고 약속하면서 꿈꾸던 섬 제주도로 향했다. 출발 전날 시시콜

콜 여행 가방을 챙기면서 나보다 분주한 딸이 말을 멈추지 못했다. "엄마, 누가 들으면 유럽으로 한 달 여행가는 줄 알겠지만, 아빠하고 엄마 조심하세요. 폭포 같은 곳 방문했을 때 위험한 곳에 올라가면 안 돼요. 공항이나 사람이 많은 곳에서는 마스크를 절대로 벗지 마세요. 이동할 때마다 손을 꼭 씻어야 해요. 엄마, 내가 어렸을 때는 여행 전에 엄마가 신신당부했었는데, 이제는 내가 잔소리하네요. 웃겨~~"

우리 부부는 든든한 딸의 배웅을 받으면서 마스크를 듬뿍 가방에 챙기고 집을 나섰다. 군산공항에서 출발한 비행기는 40분 만에 제주도에 도착했다. (비행시간이 너무 짧아서 아쉬웠다.) 우리 부부는 신혼여행으로 제주도에 왔었기 때문에 25년 만에 다시 찾은 느낌이 남달랐다. 스물다섯 개의 나이테를 소유하기까지 남편과 나는 뾰족한 모서리가 둥글게 닳고 성인이 된 딸과 아들을 둔 흰머리 성성한 중년이 되었다. 제주 공항에 도착하여 우리 일행은 소풍 온 아이들처럼 들떴다. 한목소리로 천천히 이동하면서 휴식 같은 여행을 하자고 했다.

일행은 8인승 승합차를 렌트한 후 인터넷 검색하여 맛집을 찾아갔다. 애월읍에 있는 수제 돈가스로 유명한 식당에서 식사하고 카멜리아 힐을 방문했다. 카멜리아 힐은 30년 열정과 사랑으로 제주의 자연을 담은, 동양에서 가장 큰 동백 수목원이다. 카멜리아 힐의 겨울은 사계절 중 가장 아름다운 시간이라고 한다. 하얗고 붉은 아시아와 유럽 동백꽃이 만발하여 우아하고 이색적인 분위기가 한창이었다. 사랑과 치유의 숲 카멜리아 힐을 산책하면서 동백꽃 향기를 닮은 추억을 만들었다. 붉은 꽃송이 뭉텅 떨어뜨린 동백나무를 보면서 나는 어느새 동백 아가씨 노래를 허밍하고 있었다. 노래처럼 동백꽃은 기다림에 지쳐서 울다 지쳐서 꽃잎이 빨갛게 멍이 든 것만 같았다. 6만여 평의 부지를 돌면서 동백의 향기에 푹 빠져서 해가 서산으로 기울고 있는 줄도 모르고 캄캄한 어둠을 만나고 화들짝 놀라서 걸음을 재촉했다.

둘째 날 아침 이중섭미술관을 관람했다. 제주도 여행계획을 세우던 날에 이중섭미술관에 가고 싶다고 했던 나를 배려해준 일행이 고마웠다. 이중섭미술관에 도착하여 해설사의 친절한 해설을 들었다. 평소에는 관람객이 이, 삼천 명이 방문하는데 신종코로나바이러스 때문에 한산하다고 덧붙였다. "이중섭은 평남 평원군에서 태어나서 고등보통학교에서 미술 지도를 받았으며 일본 동경 문화학원으로 유학을 떠났다. 그가 문화학원 시절 사귀던 여인 야마모토 미사코가 한국으로 그를 찾아와서 결혼했다. 한국 전쟁이 발발하자 원산을 떠나 서귀포로 피난 와서 약 1년간 거주하면서 〈서귀포의 환상〉 등 서귀포 시대의 명작을 남겼다. 이중섭의 은지화는 담뱃갑 속의 은지에 송곳과 같이 날카로운 것으로 홈이 생기도록 드로잉을 한 일종의 선각화라고 할 수 있다.

 은지의 표면은 물이 스며들지 않기 때문에 송곳 등으로 드로잉을 한 은지 위에 물감을 바르거나 담뱃진을 문지른 후 마르기 전에 닦아내면 파인 선 부분에만 색이 입혀져 은지화가 된다. 당시 대구미문화원 책임자였던 맥타가트는 이중섭 개인 전시회에서 3점의 은지화를 구입해 뉴욕근대미술관에 기증했다. 이중섭은 부인에게 보낸 편지글에서 "어디까지나 나는 한국인으로서 한국의 모든 것을 전 세계에 올바르고 당당하게 표현하지 않으면 안 되오. 나는 한국이 낳은 정직한 화공이라오."라고 말했다. 부인과 두 아들을 일본으로 떠나보내고 부두노동 등으로 생계를 이어가면서 그림을 그리는 생활을 하다가 영양부족과 간장염으로 서대문 적십자병원 무료병동에서 지켜보는 사람 없이 만 40세의 젊은 나이로 숨을 거두었다. 이중섭은 '한국의 국민화가', '비운의 천재 화가'로 널리 알려져 있다." 해설사의 해설을 듣고 미술관을 관람했다. 해설사가 이중섭이 게를 많이 잡아먹어서 게에게 미안한 마음에 게를 그림으로 그렸다고 했다. 그림을 관람하면서 그림 곳곳에서 게를 쉽게 찾을 수 있었다. '화가에게 먹힌 게들은 그의 그림 속에서 부활할 수 있어서 행복했겠지? 그랬을 거야.' 혼자 묻고 대답하면서 미술관을 나왔다. 미술관 정원에는 이중섭 동상이 벤치에 앉아 있었다. 그의 차가운 어깨를 감싸고 기념촬영을 하면서 따뜻한 온기를 전해주고 싶은 마음 간절했다.

이중섭미술관을 견학한 후 일행은 천지연폭포로 이동했다. 천지연폭포로 가는 여정에서 두근두근 뛰는 내 마음을 들킬까 봐 조마조마했다. 신혼여행 때 폭포 앞에서 찍은 사진에서 우리 부부는 청춘이었다. 25년이 지난 후 그때 그 자리에서 같은 포즈를 하고 사진을 촬영했다. 폭포 앞에 있는 바위 위에 미끄럼 주의라는 빨간색 글씨로 쓴 안내문이 있었다. 우리 딸이 봤더라면 위험한 행동을 했다고 잔소리 일장연설이었으리라. 손을 잡고 걸으면서 우리 부부는 지금까지 잘 살아왔다고 속삭였다. 앞으로도 지금까지 지내온 것처럼 잘 살자고 말하면서 바람에 날린 남편의 흰머리를 만져주었다.

천지연폭포와 이별하고 신비의 섬 우도를 갔다. 우도는 신생대 제4기 홍적세 동안에 화산활동의 결과로 이루어진 화산도이다. 조선조 숙종 23년(1967) 국유목장이 설치되면서 국마를 관리, 사육하기 위해 사람들의 왕래가 있었다. 우도라는 섬의 이름은 물소가 머리를 내민 모양에서 유래되었다고 전해지고 있다.

우리 일행이 우도를 방문한 시간이 늦어서 충분히 관광할 수 없어서 속상했다. 순회 버스를 운전하시는 기사님의 안내해설을 들으면서 주마간산으로 관광한 우도는 못내 미련으로 남았다. 우도 특산물 땅콩을 얹은 고소하고 달콤한 아이스크림을 먹으면서 억지로 위로를 받으며 우도와 작별했다. 우리가 탄 배가 가르는 흰 파도에 멀어지는 우도의 실루엣이 외롭게 오버랩되고 있었다.

셋째 날 여행의 마지막 날 아침이 밝았다. 오전에 비가 내렸기 때문에 야외 일정을 실내일정으로 재조정해서 국립제주박물관으로 향했다. 제주 유배인 이야기 〈낯선 곳으로의 여정〉 기획전시를 하고 있었다. 전시실에서는 조선시대 제주로 유배 온 사람들이 머물렀던 공간에 대해 이야기했다. 교육환경이 여의치 않았던 제주에 학식 있는 사람들의 제주 유배는 제주 유생들에게는 새로운 학문과 문화를 배울 수 있는 절호의 기회가 되었다. 제주 유배에서 김정희는 '세한도'와 '추사체'라는 걸작을 남기고 3대가 유배당한 조 씨 집안의 조정철은 제주 유배 시절의 홍윤애와의 정을 잊지 못해 다시 제주 목사로 돌아와 그녀를 기렸다. 유배인 중에서는 중앙의 고위급 관리나 학자들이 많았기 때문에 그들의 고급 정보와 지식을 배우기 위해 제주의 유생들과의 만남이 잦았다. 유배인들도 제주에서의 험난한 생활을 유지하기 위해 그들의 도움이 절실했다. 유배인들이 제주의 여인들과 함께 생활하면서 태어난 후손들은 제주의 입도조(入島組 제주의 새로운 성씨가 됨)가 되어 제주의 새로운 구성원으로 자리 잡았다. 혹독한 좌절의 경험과 그 경험에서 우러나온 유배의 섬이었던 제주가 나에게는 오래전 사랑하는 사람과 함께했던 달콤한 추억의 공간이었다. 또한, 앞으로 그만큼의 시간을 행복하게 지낼 만큼 충분한 추억을 쌓을 수 있는 시간이 되었다. 이를테면 제주도가 나에게는 사랑으로 묶어버린 사랑의 유배지라고 할 수 있겠다.

휴~, 2박 3일이 찰나처럼 지났다. 신종코로나바이러스 때문에 여행 내내 마스크를 벗지 못한 에피소드도 내 삶의 역사책에 기록했다. 좋은 사람들과 함께 행복한 시간을 보냈다는 추억은 덤이다. 우도에 대한 미련은 다시 제주도를 찾겠다는 약속으로 남긴다. 다시 일상으로 Go go~~~^^

4
도치 엄마의 태교 이야기

『청소력』을 독서한 후 집안 대청소를 하겠다고 벼르고 있었다. 이 층 공부방에서 시험공부를 하는 수진이를 배려하면서 차일피일 미루면서 눈치를 살피고 있었다. 쳇바퀴를 돌리는 다람쥐처럼 동동 바쁘게 살다가 여유(?)를 만끽하게 되었다. 스스로 나태해질까 염려하면서 출근 시간에 반사적으로 움직이기 시작했다.

수진이와 이 층 공부방부터 정리하기 시작했다. 우선 공부하면서 방안에 가득 널브러져 있는 책들을 책꽂이에 꽂아두기로 했다. 활짝 열린 창문으로 들어오는 바람은 태양의 뜨거운 입김을 여과 없이 들여보냈다. 태양의 입김이 뜨거울수록 선풍기는 바람의 세기를 강풍으로 조정했다. 참새처럼 재잘거리면서 책을 정리하던 수진이가 조용해서 돌아다봤다. 책을 한 권 꺼내 들고 키득키득 웃고 있었다. 내가 수진이를 잉태하면서 썼던 육아일기를 펼쳐 읽으면서 자신의 성장 기록에 연신 감탄을 자아내고 있었다. 육아일기 때문에 대청소를 멈추고 모녀는 대화 삼매경에 푹 빠져들었다. 수진이가 태교에 대해서 세세하게 말해달라고 조르는 바람에 일장연설이 시작되었다.

결혼 후 첫아이 수진이를 잉태하고 산부인과 의사에게 임신이라는 사실을 들었을 때 바로 태교를 시작했다. 책을 읽으면서 마음의 안정을 최우선으로 유지했다. 아이를 잉태할 수 있는 축복을 주신 하나님께 감사하면서 날마다 행복하게 지내기 위해 노력했다. 고서를 통하여 산모의 바른말과 올바른 몸가짐이 매우 중요하다는 것을 알았고, 태교의 위력을 믿고 실천했다. 시댁에서 명절 때 명절 준비를 끝내고 모두 노래방을 가자고 했을 때 태교에 안 좋겠다고 판단하고 노래방에 가지 않았다는 에피소드는 나와 수진이를 자지러지게 했다. 억지스러운 건 내가 음치라는 트라우마 때문에 음악감상을 의도적으로 했다는 것이었다. 태중의 아이에게 오전과 오후에 동화책을 소리 내어 또박또박 읽어주었다. 동화책을 읽어 준 후 클래식 음악을 들었다. 음악을 들으면서 CD 포장에 쓰여 있는 곡명과 작곡가를 읽어주었다. 음악의 느낌에 몸을 맡기고 스르르 낮잠을 자기도 했다. 그렇게 수진이는 음악으로 집중 태교를 했었다.

둘째 아이 우택이를 임신했을 때는 일주일에 한 번씩 대전에 있는 종이접기학원에 가서 강사자격증반 수업을 들었다. 아장아장 걸음마를 하는 수진이를 옆에 끼고 형형색색의 색종이로 작품을 만들면서 열 달을 보냈다. 산모가 손가락을 움직이면서 무엇인가를 하는 것이 태교에 좋다는 것을 책을 통해 알게 되었다. 처음 임신을 하고 학원에 등록했고 강사과정을 수료했을 때는 만삭이 되어있었다. 둘째를 태중에 품고 있었던 열 달 내내 핑크 색종이로 튤립을 접었다. 노란색 한지로 장미를 접어서 커다란 꽃바구니를 장식했다. 바다색 색종이로 물고기를 접고, 초록색 색종이로 나무를 접었다. 우리 집 거실 장식장과 피아노를 종이접기 작품으로 찬란하게 장식했었다. 아장아장 걷던 수진이도 색종이를 조물조물 가지고 놀면서 성큼 자랐다.

그때 종이접기학원 원장님께서 덕담을 주셨다. 아이 태교를 위해서 종이접기 배우는 엄마의 열정에 놀랐다고 했다. 아장아장 걸음마를 하는 아이를 데리고 온다고 해서 수업에 지장을 줄까 걱정했었다고 했다. 열 달 내내 칭얼대지 않고 얌전하게 엄마 옆에서 종이를 가지고 지낸 수진이를 보고 놀랐다고 했다. 원장님께서는 헤어지면서 둘째를 낳고 양육하면서 어떤 일이 있게 되는지 꼭 알려달라고 당부했었다.

그렇게 조용한 열정으로 아이들을 양육하면서 태교의 효과에 대해서 스스로 놀랐다. 둘째 우택이가 걸음마를 할 만큼 성장했을 때 정확한 발음으로 책을 읽기 시작했다. 그리고 틈만 나면 색종이를 가지고 놀았다. 가족동반 모임으로 식당에 가면 메뉴판의 글씨를 줄줄 읽어서 어른들을 놀라게 하고 음식이 나오는 시간까지 여백의 시간에 물수건을 가지고 색종이처럼 무엇인가를 접으면서 기다렸다. 초등학교에 입학한 후에는 내가 강사과정을 공부했던 종이접기 파일을 펼쳐놓고 작품을 만들기 시작해서 감탄했다.

아이들이 초등학생 때에 여름방학과 겨울방학에 아이들과 함께 서울을 다녀오곤 했다. 우리 가족에게는 약속된 이벤트 같은 시골 쥐의 서울 나들이였다. 아빠는 일이 있어서 함께 가지 못했지만 우리들의 서울행을 지지했으며 용돈을 듬뿍 주었다. 그때 우리는 서울시청에 견학했었다. 청계천 공사를 끝내고 개방했을 때 일부러 바지를 접고 청계천에 발을 담그는 체험을 했었다. 덕수궁에서 조선의 마지막 역사를 되새기고 슬픈 덕혜옹주를 기억했다. 화재로 흉측하게 변한 국보 1호 남대문을 보고 눈물을 흘렸다.

책을 보여주고 싶어서 교보문고에 들렀다가 반나절 동안 발이 묶였었다. 아이들이 많은 책을 보고 눈이 휘둥그레 해서 더 있겠다고 고집을 부렸기 때문이었다. 한참 후에 우택이가 책을 한 권 찾아와서 사겠다고 조르기 시작했다. 나는 일본어 원어로 된 성인 종이접기 책을 확인하고 책값이 팔만 원이었기 때문에 비싸서 놀랐다. 무엇보다 일본어 원어로 된 성인의 어려운 책을 어찌 볼 수 있을까 하고 우려했다. 책을 펼쳐보고 하나의 종이접기 작품을 만들기 위해 수백 번의 접기 과정을 해야 한다는 것도 걱정이 되었다. 그러나 그 책을 품에서 놓지 않는 아이의 고집을 꺾지 못하고 책을 사 왔다. 그 후로 우택이는 두문불출하고 종이접기를 했다. 삼백 번 이상 접기를 해서 공룡 한 마리를 완성하고 스스로 자랑스러워서 헤실헤실 웃던 그 모습을 잊을 수가 없다. 언젠가는 하나의 작품을 완성하기 위해 날 샌 적도 있었다. 휴~~ 대단한 고집불통이었다.

수진이도 어렸을 때부터 스스로 동화책을 읽기 시작했다. 음악으로 태교를 했던 수진이는 유치원 때부터 피아노 학원에 등록한 후 초등학교 졸업할 때까지 멈추지 않고 피아노 학원에 다녔다. 수진이는 음악에 감성이 유독 발달했다. 가족이 함께 영화 관람을 한 후에 대화할 때 장면마다 흘러나왔던 음악에 주목했었다. 초등학교에 다닐 때는 애니메이션 영화를 본 후에 주제 음악이 너무 좋다고 하면서 인터넷을 열어서 음악에 대해 찾아보고 악보를 인쇄해서 피아노 연주를 했었다. 지금도 함께 TV를 시청하다가 '엄마, 저 광고 배경 음악이 비발디의 사계 중 겨울이네요. 아~! 곡의 흐름이 변화가 커서 진통제에 어울리는 음악이네요.'하고 음악을 놓치지 않는다. 지금은 주일날 예배시간에 피아노 반주로 헌신하고 있다. 가정에서 수진이는 감정을 잘 들킨다. 기분이 좋을 때는 평화로운 곡을 연주하고 화가 났을 때는 피아노가 쩌렁쩌렁 울리는 곡을 연주하기 때문이다.

오늘은 저녁 식사를 마치고 수진이가 설거지를 자처하고 엄마를 위로한다. "엄마, 정말로 감사해요. 육아일기를 쓰면서 저희를 바르게 양육해 주셔서 감사해요. 오늘부터 인희씨를 도치엄마-고슴도치엄마-라고 불러야겠어요. 그리고 여유로운 엄마의 모습 정말로 보기 좋아요. 엄마는 항상 바쁘게 달려 다녔어요. 하루 24시간을 피자처럼 조각내어 쓰면서 엄마 스스로 몰아세우면서 지내셨어요. 이제는 그렇게 힘들게 보내지 마세요.

지금부터는 엄마를 위해서 엄마가 정말로 하고 싶었던 일 했으면 좋겠어요. 지금까지 엄마가 간직한 꿈 실현해 보세요. 엄마는 항상 꿈을 간직했고 그 꿈을 위해서 노력해왔어요. 그래서 엄마의 미래는 더 빛날 수 있다고 생각해요. 엄마가 살아온 삶의 과정이 모두 강의콘텐츠가 될 거예요. 지금부터 더 멋진 모습으로 성장할 거예요. 지금 엄마의 모습이 27년 후 저의 미래라고 말하면서 노력하는 모습이 존경스러워요. 엄마, 응원할게요. 물론 저도 쉬지 않고 전진할게요. 제 걱정은 하지 마세요." 하면서 고사리손이 내 등에서 토닥토닥 리듬을 타고 있다. 고마운 녀석!

5
그가 오고 있다

 오전에 창원에서 출발한다는 전화를 받았다. 고속버스를 이용해서 대전에 도착한 후 다시 부여로 오는 버스를 타면 오후 6시쯤 집에 도착할 예정이라고 했다. 여름휴가를 다녀간 후 만 4개월 만에 집에 오는 것이다.

 오전부터 분주하게 뛰어다녔다. 집안 곳곳 대청소를 한 후 세탁을 했다. 휴가 때마다 집에 오면 2층에서 혼자 지내는 것을 좋아했다. 2층 창문을 활짝 열어서 환기를 시키고 침대 시트와 이불을 새것으로 바꾸었다. 보일러를 가동해서 따뜻하게 만들었다. 언제나처럼 집에 도착한 후 두 팔을 감싸 안고 팔짱을 끼고 집안 곳곳을 둘러본 후 2층으로 올라가서 '야호, 우리 집이다!' 하고 탄성을 지를 것이다.

첫 아이 딸을 수술해서 출산했다. 둘째 아이는 아들을 낳고 싶어서 예정일까지 계획한 후 금식기도를 했다. 아침 한 끼 금식하면서 A4용지 한 페이지 분량의 기도 제목을 일기장에 적어두고 그런 아들을 달라고 간절하게 기도했었다. 두 자녀를 잉태했을 때는 태교를 위해 신중했고 양육하면서 육아를 위해 노력했다. 어미가 아는 것이 부족해서 책을 붙들고 지냈다. 자녀들의 올바른 인성교육에 중점을 두고 엄격하게 양육했다.

성장하면서 남다른 학습효과에 놀랐다. 시골에서 자칫 버릇없다는 말을 듣게 될 것을 우려해 '효자손' 매를 거실 중앙에 걸어 두고 회초리로 사용했다. 어린 자녀들을 양육하면서 말이 그 사람의 인격이다. 행동과 태도도 인격이다. 생각하는 것도 인격이다. 어린 자녀들을 끼고 지내면서 혹독하게 훈육했다. 마르고 닳도록 언행에 주의해야 한다고 잔소리했었다. 속담과 격언에 관한 책을 권하면서 자녀들이 마음이 깊고 생각이 넓게 성장하기를 바랐다. 천만다행으로 일곱 살 때부터 '벼는 익을수록 고개를 숙인다.'라는 말을 중얼거리면서 겸손을 실천했다.

초등학교 내내 학교를 대표하는 학생으로 성장했다. 중학생이 된 후 성장통을 겪으면서 흔들렸다. 어미는 아이들과 함께 성장하고 싶어서 양육에 관한 독서를 하면서 '사춘기'는 건강하다는 증거로 받아들이겠노라 다짐했다. 그러나 머릿속에 저장해 둔 이론이 현실에서 빛이 되어주지 못했다. 아들은 흔들렸고 어미는 눈물을 흘렸다.

어미의 등 뒤에서 무릎 꿇고 "엄마, 제 이성은 이러면 안 된다고 하는데, 마음이 따라주지 못해요. 그냥 공부에 대해 회의를 느껴요. 하지만, 꼭 제 페이스 찾을 거예요. 조금만 참아주시고 기다려 주세요. 울지 마세요." 하고 애원했다.

고등학생이 된 후 진로를 정했다고 선언한 후 열심히 공부했다. 학원에 보내줄 수 있고, 과외를 원하면 과외 선생님을 섭외해주겠다고 했다. 아들은 스스로 공부해서 원하는 학교에 가겠다고 장담했다. 자정이 넘어서 귀가하고 이른 아침 미처 잠을 깨지 못하고 등교하면서 3년을 지냈다. 3학년 2학기 H 사관학교 원서를 쓸 때 전문 논술 선생님께서 도와주겠다고 했다. 아들은 "아닙니다. 제힘으로 하겠습니다. 혹여 제힘으로 합격하면 영광이 될 것이지만 논술 선생님 도움으로 합격하면 부끄러울 것 같습니다." 하고 고집을 부렸다. H 사관학교에서 최종 합격했다는 통보가 왔을 때 야간자습을 땡땡이하고 달려와서 거실에서 만세를 부르면서 흡족해했던 아들이었다.

H 사관학교 입교식 전에 5주 동안 가입교 기간이 있었다. 가입교 기간에 혹독한 훈련을 받고 그 훈련에 통과한 후 정식으로 입교식을 거쳐 위풍당당 H학교 생도가 되었다.

고등학교 졸업식 전에 가입교 한 후 줄곧 어미를 떠나서 성인이 되었다. 다른 학생들은 힘들다고 전화해서 학부모들이 주말마다 면회를 다녀왔다고 하소연했다. 아들은 전화해서 한결같이 "집에는 별일 없지요? 저는 잘 지내고 있으니 걱정하지 마세요. 저는 여기 생활이 딱! 이네요. 허허허…" 하고 안심을 시켰다. 4년 내내 아들의 하얀 거짓말을 믿고 면회를 한 번도 가지 않았다. 미련한 것도 불치다! 학부모 모임에서 동기 어머니가 "우리 아들이 그랬어요. 누구는 뼛속까지 H 사관학교 생도로 조성되었다고 하더군요. 도대체 어떻게 키웠길래 그래요?" 했을 때 씁쓸한 미소를 지었다.

아들이 4학년 졸업반이 될 때까지 한시도 기도를 멈출 수 없었다. 어미로서 혹독하게 양육했던 것이 죄스러웠다. 유독 어렸을 때부터 어른스러워서 주변을 놀라게 했던 아들이었다. 아이답게 어리광부리면서 성장할 수 있게 하지 못한 것이 이토록 뼈 저린 아픔이 될 줄이야!

그러나 아들이 스스로 선택한 길이다. 충무공의 후예로서 문文과 무武를 겸비한 해군 제독이 되리라 믿으면서 그의 앞길을 위해 축복하리라. 그에게 어울리는 어미가 되기 위해 노력하리라!

어미가 만들어준 식사가 그리울 것이다. 매콤한 김치찌개를 좋아하는 아들을 위해 돼지고기 썰어 넣고 익은 김치를 넣어 보글보글 끓이고 있다. 갓 지은 하얀 쌀밥과 김치찌개를 먹으면서 언제나처럼 어미에게 엄지 척을 해줄 것이다.

지금쯤 부여 터미널에 당도했을 것이다. 성큼성큼 큰 걸음으로 그가 오고 있다!

6
세상에서 가장 슬픈 이별

그래, 이때였다! 목련이 막 봉긋한 살을 열어서 크림색 미소를 짓기 시작할 때였다. 아버지께서 하늘나라로 여행을 떠나고 차가운 땅에 모셔두고 산에서 내려오는 날에 눈물이 가득 고인 내 눈에 개나리와 진달래가 빛깔을 자랑하려고 앞을 다투고 있었다.

일주일 전부터 형제들 전화방이 분주해졌다. 아버지 기일에 산소에서 만나자는 약속이 이루어졌다.

아버지께서 떠난 신 후, 나는 아버지를 부르지 못했다. 아버지를 생각하면 가슴이 쿵 – 내려앉고 눈물을 주체할 수 없었다. 글을 쓸 때조차 단 한 번도 아버지를 부를 수가 없었다. 지난가을 과꽃을 만난 후 〈부모님 전 상서〉를 쓰면서 아버지를 불러보았다. 아버지께서는 동화처럼 갑자기 떠나셨다. 아버지와의 갑작스러운 이별은 청천벽력의 충격이었다. 그 후로 아버지와의 이별은 꽁꽁 묶어 마음에 보관한 나만의 아픔이 되었다.

아버지께서는 청양 산골 마을에서 평생을 지냈다. 젊은 시절 대처로 나가자는 어머니의 소망을 외면하고 소를 몰아 산비탈 밭을 일구었다. 수렁논에서 푹푹 빠지면서 소를 몰아 논갈이를 할 때 어린 내 눈에는 세상에서 가장 멋있는 농부였다. 여섯 남매 기르면서 경제적으로 부족했지만 넉넉한 웃음과 사랑을 주신 훌륭한 가장이었다.

사시사철 한순간도 편하게 누워 지낸 적 없던 아버지였다. 봄에 못자리하면서 본격적으로 농사가 시작되면 한시도 멈추지 못하고 동동거리는 날들을 보냈다. 여름 장마철에는 일손을 거두고 농사에 필요한 연장들을 손봤다. 어린 나는 아버지 옆에서 풀무를 돌리고 아버지는 달구어진 쇠를 망치로 쳐서 예리하게 폈다. 그때 아버지는 콧노래를 불렀다. 내가 참새처럼 이런저런 질문을 하면 일축하지 않고 아버지께서는 맞장구를 쳤다. 함박눈이 내리는 한겨울에는 사랑방이 아버지의 거룩한 작업실이 되었다. 볏짚 가득 쌓아 두고 새끼를 꼬는 차락차락 소리는 온 세상을 평화롭게 하는 마법 같은 소리였다. 지천명을 넘긴 지금도 깊은 겨울밤에는 잠을 뒤척이면서 유년의 소리를 그리워하고 있다.

지금같이 겨울이 물러가면서 막 찾아온 봄에 아버지를 따라 뛰어다니던 논두렁에는 민들레가 피고 있었다. 산비탈 밭을 따라가는 날에는 사태를 이루고 있는 진달래 무리를 보았다. 먼 산에는 벚꽃이 불꽃처럼 폭발하고 있었다. 산에서는 새들의 합창이 아름다운 꽃들과 하모니를 이루고 있었다. 유년에는 뛰다가 넘어지면 다친다고 걱정하는 어머니와 든든한 지원자 아버지가 있었다. 세상에서 가장 행복한 순간이었을 것이다.

가을을 좋아하고 과꽃을 사랑했던 어머니는 그 계절에 노래처럼 하늘나라로 떠났다. 누군가 어머니를 잃는 것은 하늘을 잃어버리는 것이라고 했다. 그러나 나는 아버지 앞에서 울지 않았다. 아버지의 슬픔과 고독을 차마 헤아릴 수조차 없었다. 산 같은 아버지께서 무너질까 조바심하면서 달려 다녔다. 아버지께 날마다 전화를 드렸다. 아버지께서는 '자주 전화하지 마라.' '아비 잘 지낼 테니 걱정하지 마라.' '시댁에 자주 가고 시어머니께 잘해드려라.' '애들 잘 보고 사위에게 잘해라.' 녹음해 둔 것처럼 같은 말씀을 하셨다. 날마다 아버지와 통화하고 주말에는 밑반찬을 만들어 다녀왔다.

　자녀들이 외할아버지와 보낸 시간을 보물 같은 추억이라고 말할 때 슬프지만 행복했다. 외할아버지 사랑방 아궁이에 장작불을 지피고 고구마와 알밤을 구워 먹으면서 숯으로 까맣게 고양이 얼굴이 된 서로의 얼굴을 보고 웃음을 참지 못했던 날을 기억하고 있었다. 늘 잔잔한 미소를 짓고 따뜻한 말씀을 주신 외할아버지를 생각하면 행복하다고 했을 때 감사했다. 하늘 같은 내 아버지께서 자녀들에게도 아름다운 추억으로 함께 하고 있다는 것이 너무 좋다.

　아버지께서는 당신을 닮아서 마음이 여리다고 나를 볼 때마다 걱정하셨다. 험한 세상 살아가려면 마음이 단단해야 한다고 훈수하셨다. 그러다가 혀를 차면서 어쩔 수 없더라고 쓴웃음을 지으셨다. 내가 늦은 나이에 공부하고 이런저런 일들을 이루었을 때 기쁨을 미루고 학창 시절에 공부할 수 있도록 뒷받침하지 못한 것을 미안하다고 하셨다. 내가 늦게 공부한 탓에 더 간절했고 더 열심히 할 수 있었다고 까르르 웃으면서 말씀드리면 못내 웃어 주셨을 뿐이었다.

　언젠가 아버지께 갔을 때 현관 앞에 서있는 지팡이를 보고 충격을 받았다. 아버지께서는 머리가 백발이었지만 내게는 언제나 산 같은 존재였었다. 저녁 식사를 하면서 지팡이에 대해서 여쭈었더니 갑자기 다리에 힘이 빠져서 넘어진 일이 있어서 놀랐다고 하셨다. 그래서 지팡이를 의지하게 되었다고 하셨다.

그날 아버지 앞에서는 웃었지만 설거지를 하면서 하염없이 울었다. 시간은 우리가 모르는 사이에 부지런히 일했다. 까르르 웃던 소녀를 중년의 여인으로 만들었고 하늘 같은 아버지는 지팡이를 의지해야 했다. 그날 아버지께서는 잠을 자다가 어느 날 갑자기 떠날 수 있으면 좋겠다고 하셨다. 당신 몸이 편찮으셔서 자식들이 힘들어하게 될 것을 두려워하셨다. 나는 발을 동동 구르면서 천부당만부당이라고 말했다. 내가 사회복지학 공부를 하고 있다고 아무것도 염려하지 말라고 역설했다. 그렇게 아버지께 힘이 되어드리고 싶어서 몸부림치면서 지냈다.

유난히도 봄 햇살이 빛나는 날에 아버지께서 전화를 하셨다. 늘 내가 전화를 드렸고 아버지께서는 출타할 때 행선지를 알리는 전화를 하곤 했었다. 언젠가 아버지께 전화했다가 온종일 통화가 안 되어서 울면서 달려갔던 적이 있었다. 그 후로 아버지께서는 멀리 외출하는 일이 있으면 이런저런 이유로 어디 다녀오마고 전화를 하셨다. 그날 아버지 전화번호를 보고 웃으면서 가장 밝은 목소리로 전화를 받았다. 전화기 너머의 다급한 목소리는 이웃집 아주머니였다. 아버지께서 쓰러져서 구급차로 모셔갔다고 했다. 아버지 전화기 옆에 내 전화번호가 있어서 전화했다고 했다.

아버지께서는 자식들이 당신 때문에 힘들어할 조금의 여지도 남기지 않았다. 슬픈 동화처럼 홀연히 먼 여행을 떠났다. 그렇게 나는 꽃들이 다투어 개화하는 찬란한 계절에 세상에서 가장 슬픈 이별을 했다. 나의 하늘이었고 산이었던 아버지께서 다시는 볼 수 없고 만날 수 없는 먼 곳으로 떠나셨다. 아버지와 이별하고 8년이 지났다. 내 휴대전화에는 아직도 아버지 전화번호가 있다. 나는 여전히 아버지 기일을 달력에 적지 못하고 있다.

아버지께서는 우리 남매들에게 버릇처럼 말씀하셨다. 부모님 기일이 되면 산소를 다녀가라고 하셨다. 산소에서 울지 말라고 하셨다. 우리 남매들 추억을 얘기하면서 웃다가 가라고 하셨다. 그래서 우리들은 부모님 기일이 되면 산소에서 만나서 유년시절 에피소드를 꺼내고 하하 호호 웃고 있다. 청개구리들 아닌가!

내일이 아버지 기일이다. 나는 지금도 슬픔을 감당하지 못하고 울고 있다. 얼마나 시간이 더 지나야 눈물 없이 아버지를 말할 수 있을까.

7
농부의 딸

 나는 계절이 바뀌는 기로에서 늘 몸살을 앓는다. 겨울이 채 꼬리를 감추기 전에 산과 들에서 들려오는 새싹들의 속살거림에 가슴이 울렁이는 병. 봄이 되어 꽃들이 다투어 개화하기 시작하면서 촐촐한 비가 내리기를 간절히 바라고 있다. 이는 어린 시절부터 나의 몸에 자연스럽게 스며든 생명과도 같은 것이리라. 봄에 비가 내려서 대지를 적시고 온갖 생명을 거룩하게 키워 주기를 바라는 우리 아버지의 마음이 내게 유전으로 전해지고 있나 보다.

 내가 중학생 때의 일이었다. 우리 논은 이웃 마을에 자리하고 있었고 하굣길에 우리 논길을 지나서 집으로 돌아가던 봄날이었다. 그날은 못자리를 끝내고 한참 지난날이었을 것이다. 하굣길에 모가 얼마나 자랐는지 궁금해서 논길로 들어섰다. 온 가족이 못자리하는 날에 무릎까지 푹푹 빠지면서 질척질척한 논에서 볍씨를 뿌리고 대나무를 쪼개서 둥글게 꽂아 비닐을 칠 수 있는 뼈대를 만들고 비닐을 씌웠다. 마치 작은 비닐하우스처럼 만든 못자리는 비닐 안쪽에 이슬이 맺히고 물방울이 맺혀서 안이 보이지 않았다. 어쩌다 연초록의 물감을 풀어 둔 것처럼 희미하게 보일 뿐이었다. 나는 동생의 이마에 꿀밤을 먹이듯이 엄지손가락과 집게손가락을 둥글게 모았다가 톡톡 비닐을 두드려 보았다. 비닐 안에 맺혀 있던 물방울들이 후드득 쏟아져 내리고 내 새끼손가락 마디 하나의 길이만큼 자란 모를 확인하고 돌아섰다.

그때 이웃 마을의 아저씨들이 지나치다가,
"아니, 쟤가 거시기 딸 아녀? 저거 보통이 아닐세."
"그러게 말이여. 지가 뭘 안다고 못자리를 확인하는지 원. 고 것 맹랑한 녀석일세."
하고 아버지와 나를 묶어서 말씀하고 계셨다. 그날 저녁 밥상에 앉아서 식사하다가 아버지께 낮에 그런 일이 있었다고 말씀드렸다. 아버지께서는 빙그레 웃으시면서 말없이 내 머리만 쓰다듬어 주셨다. 내가 한 행동이 칭찬 들을 만한 일이었나 보다.

크림색 아카시아가 달콤한 향기를 뿌릴 때쯤이면 모내기가 한창이었다. 아버지께서는 모내기를 끝내면 논두렁마다 콩을 심었다. 아버지, 엄마, 나 셋이서 논두렁마다 누비면서 콩을 심을 때 아버지께서는 일정한 간격으로 구덩이를 파신다. 나는 작은 통에 콩을 들고 다니면서 구덩이마다 네 개씩 콩을 심는다. 내가 들고 다니던 손잡이가 달린 커다란 깡통은 페인트가 덕지덕지 묻은 페인트 통이었는데 콩을 넣고 운반하기에 아주 쓸모가 있다고 생각했었다. 아버지께서는

"인희야, 구덩이에 콩을 심을 때 서너 개씩 넣어야 한다. 적게 넣어도, 더 많이 넣어도 안 된다. 그리고 콩이 구덩이 안으로 쏙 들어가게 넣어야 꿩이 주워 먹지 않는다."

하고 당부를 하셨다. 엄마께서는 내 뒤를 따라서 재를 한 줌씩 구덩이에 넣으셨다. 재를 넣으면 거름이 되어서 콩이 쑥쑥 자라고 동물들이 콩을 먹지 못한다고 하셨다. 온종일 허리가 아프도록 콩을 심고 아버지께서는 이웃 마을 가게에서 빵과 아이스크림을 사주셨다. 내가 하루 내내 일한 일당은 빵과 아이스크림이었던 것이다.

학창 시절에 여름방학은 매미의 노래만큼 지루하고 힘들었던

기억이 있다. 우리 밭은 산비탈에 자리한 고랑이 긴 밭이었다. 여름방학이 시작되면서 나는 고추밭과 콩밭으로 호미를 들고 다니면서 김을 매는 막중한 일을 했다. 고추밭 김을 끝내면 콩밭에서 풀이 쑥쑥 자라고 콩밭의 김을 끝내면 다시 고추밭에서 풀이 무성하게 자라고 있었다. 나는 가꾸지 않는 잡초가 더 잘 자라는 것에 의아해하면서 원망도 했었다. 그때는 지금처럼 밭에 비닐을 씌우지 않았고 잡초를 제거하는 농약도 많이 사용하지 않았었다.

어쩌다 땀에 젖어서 김을 매다 보면 까만 구름이 하늘을 덮어서 사방이 어두워질 때가 있다. 소나기가 한바탕 쏟아지고 금방 해님이 방긋 웃는 야속한 여름날이었다. 나는 비가 오니 그만 집으로 가자고 조르고 엄마와 아버지는 감나무 아래서 잠시 쉬다 보면 날이 갠다고 나를 달래셨다. 여름날 짧게 내리는 소나기가 야속했던 기억이 새롭다. 그렇게 고추밭과 콩밭을 번갈아 김을 매다 보면 여름방학이 끝났다.

논에 농약을 하는 일은 엄청나게 지루하고 힘든 날들이었다. 아버지께서는 내가 들어가도 보이지 않을 만큼 커다란 통에 농약을 가득 풀어서 준비하신다. 아버지께서는 논에서 농약이 나오는 긴 대를 들고 논을 누비신다. 엄마께서는 논에서 농약을 하는 아버지를 거들기 위해서 논두렁에서 줄을 당기고 풀고 적당히 조절하는 일을 하신다. 나는 편평한 길에서 널빤지 같은 펌프를 밀고 당기는 일을 한다. 농약을 풀어놓은 통에서 내가 펌프를 해서 줄로 보내고 아버지께 전달되어서 논에 뿌리게 되는 것이었다.

내가 팔이 저리고 아프도록 펌프질을 해도 농약은 줄지 않고 그대로 있는 것만 같았다. 조금 뿜다가 보면 또 그대로 있었다. 너무 지루하고 힘들어서 울고 싶어서 하늘을 보았을 때 구름이 아름다운 그림을 그리고 있었다. 파란 하늘가에 목화솜처럼 포근하고 깨끗한 구름을 가지고 그림을 그리기 시작했다. 커다란 구름은 신데렐라가 타고 갈 마차가 되었다. 여기저기 장미가 아름답게 피어난 아름다운 궁전도 꾸며졌다. 하늘가에 살짝 바람이 지나가면 마차는 달리기 시작하고 멋진 왕자와 무도회를 즐기고 있었다. 그렇게 팔은 펌프질을 하고 있었지만, 나의 눈은 하늘을 우러러 아름다운 상상화를 그리다 보면 지루한 농약은 바닥을 드러내고 있었다. 그렇게 나는 농약을 하는 날에는 미술 특강을 받았다. 내가 선생님이 되고 학생이 되고 심사자가 되는 화려한 교육을 받았다.

내가 사계절 중 겨울을 좋아하는 이유는 흰 눈이 내리는 탓이라고 버릇처럼 말했었다. 어쩌면 농번기에 아버지를 따라서 논과 밭으로 다니면서 시달리다가 눈이 내리는 겨울에 농한기를 맞이해 편히 쉴 수 있기 때문이었는지도 모르겠다. 아버지께서는 사랑방에서 새끼를 꼬고, 엄마는 아랫목에 앉아서 길쌈을 하셨다. 밖에 흰 눈이 수북하게 쌓여도 아무런 걱정이 없었던 고요한 평화만이 깃드는 그런 계절이 나는 가장 좋았다.

지금은 아버지께서 홀로 계시기 때문에 농사를 짓지 않고 선재를 주었다. 그러나 지금도 나는 아버지께 안부 전화를 드릴 때마다 농부의 딸이 된다.

"아버지, 날이 가물어서 걱정이네요."
"가물면 어떠냐. 논마다 물을 뿜어 올리는 모터가 있단다."
"아버지, 가을 햇빛이 좋아서 벼가 잘 익겠어요."
"그렇구나. 고추도 잘 붉겠구나."
"아버지, 겨울에 눈이 많이 오면 풍년이 된다지요?"
"그러게 말이다. 올해도 풍년이 되려나 보다."

우리 아버지는 흙을 닮은 농부이고 나는 아버지를 사랑하는 딸이다. 나는 농부의 딸이다.

* 2011. 10 통권 263호 〈문학공간〉 수필 등단작

8
친정엄마와 7박 8일

아침 햇살이 톡톡 잠을 깨우기 전에 시끄러운 매미의 노랫소리가 먼저 우리를 건드리고 눈을 뜨게 한다. 오늘도 수진이와 알콩달콩 수다를 했다. 수진이는 친구들과 보내는 시간보다 엄마인 나와 보내는 시간이 좋다고 성화다. 어쩌다 친구들과 놀면서 스트레스를 날리고 오라고 공식적으로 외출을 허락해도 엄마와 쇼핑을 하는 편이 좋겠다고 한다. 그래서 우리 모녀는 부여 시장을 누비고 밤마다 인터넷을 켜고 킥킥대고 머리를 맞대고 좋다고 한다. 그렇게 자정을 넘기고 아빠의 질책이 담긴 기침 소리에 소스라치게 놀라고 소등하는 날들이 잦다.

어제는 수진이가 갑자기 일기장을 펼치고 웃으면서 열중하고 있었다. 내가 수진이를 잉태하고 출산하고 양육하면서 썼던 육아일기를 읽으면서 '엄마, 나는 엄마가 존경스러워요. 세상에 육아일기를 써서 키운 아이는 몇 명 안 될 거예요. 저는 행운아예요. 아아, 행복해라!' 하고 좋아했다. 그 녀석이 먼지 묻은 추억을 들추어내는 바람에 희미하게 잊혀 가는 일화가 생각났다.

남편과 결혼해 살면서 어느 날 갑자기 냄새에 민감해졌다. 처음에는 속이 울렁거려서 음식을 먹고 체한 줄 알았다. 그러나 시간이 흐를수록 음식을 먹으면 울렁거리는 증상은 더욱 심해지고 냄새를 맡을 수도 없는 지경에 이르렀다. 나와 남편은 이상하다고 생각하고 소화제를 처방받아서 먹으려고 했다. 이웃에 살고 있는 친구가 혹시 임신일지 모르니 병원에 가보는 것이 어떠냐고 귀띔해 주어서 산부인과에 갔다. 병원에서 임신이라고 알려 주었을 때 기분이 아주 이상했다. 성인이 되어서 결혼하고 임신을 하는 것은 아주 당연한 결과였지만, 그날 병원을 나오면서 나와 남편은 멍해서 잠시 침묵을 했다. 이제 비로소 어른이 되는 것이라는 형언할 수 없는 묘한 책임감. 그것이 우리의 모든 감정을 압도했으리라.

그날 이후로 나는 음식을 전혀 먹지 못하게 되었다. 남편을 위해서 식사 준비를 하는 것도 간신히 하게 되었고 음식을 조리하는 동안에도 몇 번씩 화장실에 가서 속을 비워내는 고통스러운 날들이었다. 지금 돌이켜 생각해보면 빙그레 미소가 피어나지만, 그때는 너무 힘들고 고통스러워서 '이러다가 죽는 것은 아닐까?' 하루에도 수없이 자문했었다. 급기야 물도 삼키지 못하고 계속 토하는 증상에 탈진이 되어서 병원에서 링거를 맞았다. 남편과 나는 친정에 가서 쉬기로 결정을 내렸다.

그때 시댁에 가서 할머니와 어머니께 무릎 꿇고 어려워하면서 허락을 받았던 기억이 선명하다. 어린 소견에도 시집와서 살던 새댁이 입덧이 심해서 친정으로 쉬러 간다는 것이 작으나마 있을 수 없는 사건이라고 여겼었나 보다. 다행스럽게 시댁 어른들께서는 안색이 너무 좋지 않으니 걱정하지 말고 편하게 쉬다가 기운을 차리고 오라고 허락해 주셨다.

그렇게 청양 친정으로 가서 지내게 되었다. 부모님께서는 시댁에서 허락을 받고 왔으니 다행이라고 말씀하시고 마음 편하게 지내게 해 주셨다. 엄마께서는 내 얼굴을 유심히 바라보시고 혀를 끌끌 차시면서 걱정을 하셨다.

"쯧쯧쯧, 얼마나 힘들었으면 포동포동하던 얼굴이 반쪽이 되었구나. 눈도 푹 꺼지고 그동안 고생이 많았구나. 그러나 걱정하지 마라. 죽을병이 아니고 좋은 일이 있으려고 그러니 어서 기운을 차려라."

엄마께서 말씀하신 것처럼 결혼하고 누구나 겪는 일상적인 일을 두고 그토록 염려하고 마음 아파서 안절부절못하셨던 것은 엄마이기 때문이었을 것이다. 엄마께서도 그렇게 힘들게 육 남매를 낳고 키우셨으면서 당신의 자식이 힘들어하는 것은 차마 볼 수 없으셨고 할 수만 있다면 대신 아프고 싶으셨을 것이다. 내가 아이를 낳아 키우고 살면서 새록새록 엄마의 마음을 만질 수 있는 것은 나도 그 엄마의 자식이기 때문일 것이다. 이심전심이 그렇게 세월을 두고 마음에 깊이 자리하고 있었나 보다.

그다음 날부터 엄마께서는 식사 때마다 새로운 음식을 만들어주셨다. 무엇이든지 입맛이 당기는 것은 마음껏 먹어야 한다고 여러 가지 음식을 정성으로 만들어주셨다. 장마가 한창이었던 무더운 여름철에 한 번도 힘들다고 안 하시고 온 정성을 쏟아 내셨다. 우리 집에서 청양 읍내 장에 가는 것이 힘들었는데, 아버지께서는 엄마께서 무엇이든지 사 오라고 부탁하면 마다하지 않으시고 다녀오셨다. 그렇게 나는 엄마께서 만들어주신 음식을 먹으면서 호강을 하고 입맛을 찾고 기운을 낼 수 있었다. 지금 생각해보아도 신기한 것은 그토록 심하던 입덧이 엄마 곁에서 엄마께서 해주신 음식을 먹고 감쪽같이 치유되었다는 것이다. 엄마께서는 청국장을 만들어 끓여 주셨고 부추를 넣고 부침개를 부쳐 주셨다. 아버지께서 청양 읍내 장에서 사 오신 쇠고기를 넣고 맛있는 국을 끓여 주셨고 호박잎을 깔고 강낭콩을 넣은 김이 모락모락 피어오른 개떡을 쪄 주셨다. 그 여름에 힘이 드셨을 텐데 어느새 팥죽을 끓여서 주시고 엄마께서 하실 수 있는 정성은 모두 쏟아 베풀어 주셨다.

그리고 밤마다 엄마 옆에 누워서 엄마께서 들려주시는 이야기를 들을 수 있어서 행복했다. 우리 육 남매 올망졸망 클 때는 정신없이 바빠서 시간이 어떻게 갔는지 모른다고 한탄하셨다. 서울로 이사 간 부잣집의 소작농을 지어도 공부 잘하는 아들이 있어서 전혀 기죽지 않았다고 당당하게 말씀하셨다. 내가 부모님 슬하에서 마지막까지 공부하고 도시로 가서 직장생활을 할 때 엄마 지갑에 돈이 있는데 달라는 자식이 옆에 없어서 무척 속상했다고 하셨다. 세월이 잠깐 그렇게 갔다고 한숨을 쉬면서 당신의 나이 듦을 한탄하셨던 말씀이 귓전에 생생하게 남아 있다. 그리고 딸을 다섯 낳은 자격지심에 출가한 딸들이 모두 아들을 낳았다고 했을 때 안도의 숨을 쉬셨다. 내가 우택이를 낳았을 때는 천안 병원에 선걸음에 달려오셔서 확인하시고 마지막까지 모두 성공했다고 활짝 웃으셨다.

 엄마께서는 밤마다 아름다운 아내가 되라고 속삭이셨다. 아무리 힘들고 어려운 상황에 놓이더라도 억척스럽게 강한 척하지 말라고 하셨다. 말을 곱게 하고 행동을 우아하게 하는 아름다운 여성이 되라고 당부하셨다. 곰 같은 아내가 되지 말고 여우같이 지혜롭고 사랑받는 아내가 되라고 몇 번을 반복하시면서 일러주셨다. 그때는 엄마께서 하시는 말씀이 인생을 먼저 산 선배 여성의 거룩한 가르침처럼 귀하게 마음에 차곡차곡 새겨두었다. 지금도 살면서 힘들 때마다 엄마의 가르침이 나침반처럼 방향을 잡아주고 혼란스러울 때마다 엄마의 말씀이 북극성처럼 인도해주고 있다.

 그렇게 부모님과 행복한 날들을 지내고 있었다. 어쩌면 지금까지 내가 살면서 그렇게 달콤하고 편하게 지낸 휴식은 없었던 것 같다. 부모님 곁에서 그렇게 마냥 보내고 싶었던 욕심이 날마다 커가고 있었다. 그러나 밤에 잠을 뒤척이다가 부모님께서 두런두런 이야기를 나누시는 것을 엿듣게 되었다.

 "여보, 인희 밥도 잘 먹고 기운도 차린 것 같은데. 그만 부여로 보내야 하지 않을까?" 하고 아버지께서 말씀하셨다.

"그러게요. 우리 집 자식이 아니니 오랫동안 데리고 있는 것이 시댁에 흉이 될까 걱정이네요. 아무리 세상이 변했다고 해도 지켜야 할 도리가 있는데. 이제 걱정하지 않아도 될 것 같으니 보내야겠어요." 하고 엄마께서 대답하셨다.

그날 밤에 뜬눈으로 새면서 내가 더 이상 부모님의 자식이 아니라 시집가서 살고 있는 손님이라는 것이 아프고 어깨를 무겁게 짓누르는 책임을 느끼게 하였다.

이튿날 나의 전화를 받고 남편이 나를 데리러 왔고 부모님께서는 어려운 손님을 보내는 것처럼 나를 배웅했다. 시댁에 가서 할머니와 어머니께 큰절을 올리고 인사드리라고 신신당부를 하셨다.

그렇게 엄마와 함께한 7박 8일간의 추억이 내 인생의 노트에 아름답게 새겨져 있다. 그리고 엄마를 생각하면서 내가 그토록 정성과 사랑을 받았다는 것이 무척 감사하고 나를 그토록 귀하게 지켜주신 것이 너무도 황홀해서 눈물이 난다. 나도 우리 아이들에게 나의 엄마께서 주신 것처럼 온 정성을 쏟아 줄 수 있을까? 당신의 태를 열어 나온 자식이라는 이유 하나로 당신의 전부를 던지고 오직 자식이 행복하고 잘 되기만을 빌고 바라셨던 엄마의 그 사랑을 무엇이라고 표현할 수 있을까?

  나는 감히 나의 엄마처럼 헌신적인 사랑과 정성을 줄 자신이 없다. 나의 엄마께서 주신 정성과 사랑이 정작 내게는 고갈되지 않았는지 두려운 마음이다. 그러나 다행스러운 것은 나는 그 가르침을 배웠고 알고 있다는 것이다. 날마다 나의 엄마처럼 거룩한 엄마가 되도록 노력해야겠다. 그리고 먼 후일에 나의 딸아이가 임신하고 입덧을 해서 －수진이는 나처럼 입덧이 심하지 않기를 간절히 바라지만－ 나에게 와서 쉴 때 나의 엄마처럼 무한한 사랑과 정성을 주는 그런 엄마이고 싶다. 수진이가 두고두고 살면서 추억하고 생각할 수 있도록 보석처럼 빛나는 사연을 남겨주고 싶다. 이 글을 마치면서 엄마 생각에 두 볼에 흐르는 뜨거운 눈물로 그리움을 노래한다. 오늘 밤은 고운 엄마를 생각하면서 단꿈을 꾸고 싶다.

* 2011. 10 통권 263호 〈문학공간〉 수필 등단작

9
우리들의 시간 이야기

　엄마는 딸의 미래라고 누군가가 그랬을 때 역으로 딸은 엄마의 과거일 수 있겠다고 생각했단다. 너를 대하면서 가끔 내가 스무 살 시절에 저랬을까? 생각했어. 그리고 현재의 내 모습이 너의 27년 후의 모습이 될 수 있겠구나! 생각하고 떨었어. 내가 하는 말이 너의 미래이고 내가 하는 행동이 미래의 너의 행동이라고 생각하니까 신중하게 말하게 되고 반듯하게 행동하게 되었어. 그래서 엄마는 마음에 가득 찬 꿈을 망설임 없이 말하고 예쁜 옷을 사고 모든 것을 너에게 펼쳐 보이고 싶어. 엄마의 감춘 속내는 미래의 네가 그렇게 살았으면 하고 의도하는 마음이기도 해.

네가 대학교 4학년 마지막 학기를 남겨놓고 휴학하고 시험 준비를 하면서 우리는 함께하는 시간이 많았지. 우리들의 추억이 쌓이고 대화가 쌓여가는 시간이 소중하다고 여기고 있단다. 때로는 어둡고 힘든 모습을 대할 때 우리의 갈등이 깊어지기도 했지. 그때마다 우리 삶의 여정에 맑은 날도 있고 흐리고 비가 내리는 날도 있듯 마냥 기쁘고 행복할 수만은 없다고 여겼단다. 잠시 외면해 주고 안 본 척하고 모르는 척했어. 엄마도 너도 우리 서로 그렇게 지내고 있다고 생각했어. 우리들의 시간이 그렇게 흐르고 있어. 나의 과거와 너의 미래인 우리들의 시간.

오늘은 네가 요청했던 너의 육아 시절 에피소드를 글로 남기려고 해. 네가 그랬어. 아주 세세하게 써 주었으면 좋겠다고. 너의 작은 역사가 될 것이기에 복사해서 간직하겠다고 했지. 그래서 엄마는 기억의 타임머신을 26년 전으로 돌리고 있어.

엄마가 결혼하고 너를 잉태했을 때 가장 먼저 태교에 관한 책을 읽었어. 어른들께서 마음 편안하게 지내는 것이 가장 좋다고 조언을 주셨을 때 고개를 주억거리면서 순응했어. 선배들은 임신 기간이 남편에게 가장 대우를 받을 수 있을 때라고 했지. 무엇이든지 원하는 것을 남편에게 요구하라고 귀띔해 주었지. 엄마는 아이를 잉태한 것은 하늘이 준 축복이라고 여기고 감사했지. 태교를 위해 처음으로 선택한 책이 〈유태인 부모는 아이를 천재로 키운다.〉라는 것이었어. 엄마는 유대민족은 하나님께서 선택했던 민족이었기 때문에 특별한 민족이라고 생각했어. 기독교인으로서 자연스러운 믿음이었겠지.

그 책에서 유대인 부모는 아이에게 고기를 잡아주지 않는다고 했어. 아이에게 고기 잡는 방법을 가르쳐준다고 했어. 그리고 유대인 엄마는 아이가 처음으로 학교에 가는 날에 꿀을 한 숟가락 입에 넣어주면서 '배움이란 꿀처럼 달콤한 것이란다.'하고 말해준다고 했어. 네가 초등학교 입학하고 등교하는 첫날 현관에 너를 세워놓고 꿀을 한 숟가락 입에 넣어주면서 유대인 엄마처럼 말해주었지. 다행스러운 것은 네가 그때 그 일을 또렷하게 기억하고 있다는 것이었어. 조금은 부끄럽기도 하고 조금은 어깨가 으쓱해지기도 했어.

우리나라 태교에 관한 책을 읽기도 했어. 옛날에 양반가에서 집안의 대를 잇기 위해서 중요시했던 가문의 강점들을 다룬 내용이 많았던 기억이 있어. 궁궐에서 임금의 아들이 아버지의 뒤를 이어받아 성군이 되기 위해 어렸을 때부터 엄격하게 훈육했던 내용들이 있었어. 너희들을 잉태했을 때 엄마는 공주 같은 딸, 왕자 같은 아들로 양육하겠다고 스스로 다짐했었어.

엄마는 너희들이 어렸을 때 환경이 중요하다고 판단했었어. 전업주부의 길을 선택하고 가정일에 동동거리면서 아기였던 너희들과 좌충우돌하면서 지낸 시간, 티격태격하면서 싸우던 시간, 때로는 아웅다웅하면서 보낸 시간이 돌이켜보니 일장춘몽이었네.

꼬물꼬물 아기였던 너와 동생을 양육하면서 하루 일과표를 짜서 벽에 붙여두었어. 너희들이 초등학교 때 방학이 시작되면 스케치북에 커다란 원을 그리고 하루 24시간을 나누어서 무엇을 하겠다고 계획표를 짜던 것처럼 말이야. 오전에는 음악을 들려주고 동화책을 읽어 주었어. 오후에는 다시 동화책을 읽어 주고 궁남지와 부여박물관 산책을 다녀와서 낮잠을 재웠어. 저녁에는 목욕을 시키고 퇴근한 아빠하고 거실에서 엉켜서 까르르 놀았어.

밤에 잠을 재울 때는 소등하고 낮에 읽었던 동화내용을 잔잔하게 엄마의 목소리로 들려주면서 꿈나라로 인도했지. 그때 '의좋은 형제' 동화를 의도적으로 많이 들려주었어. 너희들이 성장하고 어른이 되어서 동화 속의 형제처럼 의좋은 남매가 되어서 서로서로 위해주고 도와주는 삶을 살았으면 하는 엄마의 소망을 마음껏 담았어. 신통하게도 너희 남매가 서로 챙겨주고 격려하고 이해하는 마음이 남다른 것을 보면 엄마의 기원이 이루어졌다고 자랑하고 싶어.

아참~~! 조기교육을 어떻게 했느냐고 궁금하다고 했지? 그거 아주 중요한 부분이야. 너희들이 어렸을 때 출판사마다 육아서적과 한글 공부 교재가 다양하고 방문교사들의 경쟁이 엄청났었지. 또래 엄마들과 교사들의 상담을 받아보고 교재에 대한 설명도 들었지. 그때 엄마는 교재로 주입하듯이 접근하고 싶지 않았어. 너희들과 웃으면서 행복하게 접할 수 있는 방법을 찾으려고 노력했지. 그리고 아주 탁월한 방법을 찾았단다. 결과는 대만족이었지.

아기였던 너희들과 산책하면서 만나는 꽃을 만져보게 하고 나비를 만나면 나비에 대해서 대화를 했지. 가게를 지나면서 간판을 읽어주고 따라 말해보게 했지. 차를 타고 여행할 때는 고속도로를 지나면서 글씨를 읽어주고 큰 광고판에 있는 글씨를 읽어주었어. 우리 앞에 달려가는 차에 있는 광고의 글씨를 읽어주었지. 온통 너희들의 눈높이에 엄마의 눈을 맞추고 분주했던 날들이었어. 그런데 기적 같은 일이 일어났어. 어느 날 갑자기 너희들이 글을 읽기 시작했어. 거짓말처럼 동화책을 정확한 발음으로 술술 읽었어. 주변 사람들이 깜짝 놀랐고 대단한 조기교육을 했다고 물었고 책만 읽어주었다는 엄마의 말을 의심했어. 그리고 어떤 일이 있었는지 알아? 글쎄, 출판사 팀장이 와서 한 번만 교재 홍보해달라고 하더라. 물론 거절했지. 재밌지?

너희들이 책을 읽을 수 있게 되었을 때부터 엄마와 함께 독서하는 시간을 즐겼단다. 거실에 책을 가득 쌓아놓고 엄마는 엄마의 책을 읽고, 너희들도 각자의 책에 푹 빠져들었지. 늦은 밤에 잠잘 시간이라고 불을 끄려고 하면 한 권만 더 읽겠다고 애원하던 너희들이었어. 명절 때 할머니 댁과 외할아버지댁을 다녀서 이틀 만에 집에 오면 너희들은 책이 있는 방으로 달려갔지. 책이 너무 읽고 싶었다고 하면서 책장 넘기는 소리만 들리던 그때 엄마는 마냥 행복했어. 아주 많이많이.

그때 엄마는 너희들이 똑똑하게 성장하는 것보다 마음과 생각과 행동이 바르게 성장하는 것이 더 중요하다고 여겼어. 그래서 늘 잔소리를 입에 달고 지냈던 것 같아. 너희들하고 책을 읽으면서 정직하라고 했고, 산책하면서 반듯하게 걸으라고 했어. 친구와 사이좋게 지내고 친구를 이해하는 것이 중요하다고 했어.

너희들이 초등학교에 입학한 후에는 인격이 중요하다고 귀에 딱지가 안도록 잔소리했어. 우리가 하는 말이 인격이다. 우리가 하는 행동도 인격이다. 우리가 생각하는 것 보는 것 듣는 것도 인격이다. 언제나 각별히 살피고 주의해야 한다고 잔소리를 멈추지 않았어. 지금 돌이켜보니 너희들이 대견했네. 그 많은 잔소리를 어찌 다 들어주었을까! 미안해지네.

네가 초등학교 4학년 때쯤이었을 거야. 토요일이 격주로 쉬는 토요일이 있었고 그러다가 주 5일제가 시행되면서 토요일이 휴일이 되었지. 쉬는 토요일이 있는 금요일 밤에는 잠을 자라고 강요하지 않았어. 거실에 책을 가득 쌓아 두고 읽어도 된다고 허락되었지. 그때 너희들은 우리나라 위인전과 문학책을 읽었지. 박완서 님과 박경리 님을 그때 만났지. 그때 엄마는 독서를 중요시했고 일기 쓰는 것을 강조했지. 너희들도 힘들다고 투정하지 않고 즐기면서 잘해주었어. 학교 대표로 대외로 글짓기 대회 나가서 상을 많이 탔지. 그 상장들 모두 상자에 넣어서 소중하게 간직하고 있어. 보고 싶으면 언제든지 말해. 보여줄게~~ 그때 너희들 아주 똑똑하고 착하고 예뻤어.

여기까지 들으면 우리들의 시간이 우아하고 평화로운 모습이지? 언제나 달콤한 꿀물이 뚝뚝 떨어졌을 것 같지? 그런 날들이 많았지만 천둥치고 비바람 몰아치는 날도 잦았어.

너희들도 생각날 거야. 우리 집 거실에 걸어 두었던 효자손이 바로 너희들 엉덩이를 불나게 했던 회초리였지. 너희들이 싸우는 날에 효자손으로 엉덩이를 치고 거짓말을 했을 때도 효자손으로 훈육을 했지. 재미있는 일은 네가 어버이날 효도에 관한 글에 '효자 매'라는 제목으로 동시를 쓰고 상을 탔어. 너희들이 잘못했을 때 효자손으로 매를 맞으면 커서 효도하게 된다는 내용이었던 것 같아. 웃음이 절로 나오지 않아? 언젠가 네가 말했어. 거짓말을 했을 때 엄마가 가장 무섭게 매를 들었다고. 그 후로 거짓말을 절대 안 하게 되었다고. 엄마의 효자매 사연은 요즘 아이들이 들으면 아동학대라고 경찰에 신고할 사건이 되겠네.

오늘은 우리들의 시간 이야기 여기까지만 쓰고 멈추려고 해. 너희들의 질풍노도 같은 사춘기 시절 이야기는 다음에 들려줄게. 바짝 긴장하고 들어야 할 거야.

10
할머니와의 동침

"인희야, 오늘은 할미랑 자러 가자."

큰댁 가족들이 멀리 출타한 날이면 저녁때 할머니께서 우리 집으로 오셔서 나를 데려가시곤 하셨다. 그때 오빠와 언니 둘은 대처로 나가서 직장생활을 했고 셋째 언니와 나와 동생이 부모님하고 지내고 있을 때였다. 저녁 밥상을 물리고 어둠 속에서 별이 하나씩 출석하는 시간에 할머니께서는 어김없이 언니와 동생을 마다하시고 나를 간택(?)하셨다.

할머니께서는 어린 나를 위해 깨끗한 잠자리를 마련해 주셨다. 할머니하고 같은 이불에 눕게 하지 않으시고 요를 하나 펼 수 있을 만큼의 거리를 두고 할머니와 내 잠자리를 따로따로 마련하셨다. 할머니께서 펴주신 이부자리는 흰색으로 막 시침해 둔 빳빳한 감촉과 풋내가 상큼하게 풍기는 새것이었다. 내가 초등학교 저학년 때였으니까 많이 어렸을 때였다. 그때 나는 할머니께 특별한 대우를 받고 있다고 여기고 한껏 행복했다. 내가 잠을 자다가 뒤척이면 용케도 알아채시고 자리끼를 건네주시고 화장실을 같이 따라가 주셨다. 할머니 댁에서 잠을 자고 돌아온 이튿날은 언니와 동생 앞에서 맘껏 자랑했고 언니와 동생은 나를 영웅으로 대하는 특권을 누렸다.

할머니께서는 집안의 큰일이 있어서 잔심부름이 필요한 날에도 나를 부르셨다. 봄에 농사일이 시작되면서 모내기와 가을에 추수는 집안의 큰일이었던 기억이 있다. 큰댁과 집안 어른들이 품앗이로 모내기하고 추수를 하는 날에 새참은 물론이고 점심 식사와 저녁 식사를 준비하는 일은 할머니 몫이었다. 나는 할머니께서 콩나물을 주시면 콩나물을 다듬고, 쪽파를 뽑아 오시면 쪽파를 다듬어 드렸다. 그때는 아궁이에 나무로 불을 지펴서 밥을 하고 국을 끓이느라 분주하고 힘들었던 기억이 있다. 할머니 옆에서 부지깽이로 불을 지피는 일도 내 담당이었다. 이를테면 나는 할머니의 충실한 비서로서 할머니께서 하시는 일을 철저하게 돕고 있었다. 할머니께서는 어머니의 장독대를 둘러보시고 흐뭇한 표정을 지으셨다. 할머니께서는 갓 지은 밥에 간장을 넣어 비벼 드시면서 '네, 엄마 장맛이 꿀맛이구나!'하고 말씀하셨다.

할머니께서는 저녁 식사 준비를 완벽하게 마치고 큰댁으로 돌아가셨다. 어둠을 등에 지고 들에서 귀가하신 부모님께서는 피곤한 기색이 역력했다. 어머니께서는 "할머니께서 한 번쯤 우리 집에서 주무셔도 좋으련만… 그렇게 손님처럼 도망가시는구나." 하고 서운해하셨다. 내가 할머니께서 장독대를 둘러보시고 미소 지으셨다고. 간장에 밥을 비벼 드시면서 맛있다고 하셨다고 말씀드리면 어머니께서는 환하게 웃으셨다. 다음날 장독대를 서성이면서 콧노래를 부르는 어머니를 볼 수 있었다.

나는 할머니께서 우리 집에서는 단 한 번도 다리 쭉 펴고 눕지 않으시고 동동 바쁘게 일만 하시고 도망치듯 큰댁으로 가신 뜻을 철이 들어서 짐작할 수 있었다. 큰아버지께서 일찍 돌아가신 후 홀로 되신 큰어머니하고 사촌오빠 언니들을 끔찍하게 아끼셨다. 한 마을에서 지척에 두고 살면서 우리 남매들을 예쁘다고 안 하셨다. 따뜻한 눈길조차 주지 않으셨다. 추석과 설 명절에도 사촌오빠를 보란 듯이 챙기는 모습이 마냥 서운했었다. 나는 할머니께서 외출하는 모습을 뵌 적이 없었다. 동네 어르신들이 삼삼오오 앉아서 수다를 할 때도 할머니께서는 합석하지 않으셨다. 할머니께서는 매사 조심하고 살피시고 살얼음판을 걷는 것처럼 지내셨다.

나는 어렸을 때부터 우리 할머니께서는 여느 할머니하고 다르다고 생각했다. 우리들에게 말씀을 하실 때나 우리 앞에서 행동하실 때도 조심하셨다. 지금에서 돌이켜 보면서 할머니의 모습이 곧 군자의 모습이었다고 여겨진다. 나는 늘 할머니하고 동업(?)하면서도 많은 대화를 나누지 않았다. 아니, 할머니와 나는 많은 대화가 필요 없는 완벽한 콤비였다. 그때 나는 스스로 알아서 할머니를 돕고 미루어 짐작하고 이런저런 일을 해내는 눈치 9단의 조력자였다.

나는 친구들하고 놀다가 무심코 할머니께 달려갔다. 혼자 심심한 날에도 할머니께 갔다. 할머니께서는 대화 대신에 늘 먹을 것을 주셨다. 어떤 날에는 아카시아꽃을 찹쌀가루에 버무려 찐 향기 나는 떡을 주셨다. 어떤 날에는 청록색 쑥개떡을 주셨다. 이른 봄에 새싹들이 움트기 시작하면 바구니 들고 할머니를 따르게 하셨다. 산비탈에 나물을 봐 두시고는 나를 데리고 가서 낮은 가지의 것을 따게 하셨다. 할머니께서는 높은 가지에 있는 나물을 따셨다. 그때 할머니께서는 잊지 않고 덧붙이셨다. "네 엄마가 좋아하는 나물이다." 하고. 할머니께서는 돌아오는 길에 할머니 바구니의 것을 듬뿍 덜어서 내 바구니에 채워주셨다. 어머니께서 차려주신 맛있는 저녁밥을 먹으면서 그 모든 사연을 말씀드렸다. 어머니께서는 수줍어 고개를 돌리면서 함박웃음을 감추지 못하셨다. 어린 내 눈에 모두 포착하여 간직해 둔 보물 같은 추억들이었다.

초등학교 6학년 하굣길이었다. 아카시아 꽃이 마지막 몸부림으로 향기를 전부 쏟아내고 모내기를 끝낸 논에서는 어린 모가 짙은 녹색으로 자리를 굳게 잡아가고 있었다. 친구들하고 책가방 던져두고 클로버 무리에서 행운의 네 잎 클로버를 찾고 있을 때였다.

"인희야, 네 할머니 돌아가셨대." 하고 친구가 말했다. 할머니께 달려가서 말없이 잠을 자듯 다소곳하게 누워계신 할머니를 뵈었다. 내가 울면서 할머니를 불러도 아무 대답이 없으셨다. 나를 데리고 주무실 때는 내가 부스럭하고 뒤척이기만 해도 반응을 하시던 할머니께서는 아무리 불러도 아무리 흔들어도 꼼짝도 하지 않으셨다. 아버지께서 편찮으신 할머니를 걱정하면서 큰댁에 오가시면서 일주일이 지나고 할머니께서는 먼 곳으로 여행을 떠나셨다. 그날 할머니를 하늘나라로 보내드리면서 나는 처음으로 세상에서 가장 슬픈 이별을 경험했다.

할머니 장례를 마치고 집에 할머니 상을 모셔두고 큰댁은 대처로 이사 갔다. 그때도 아버지와 어머니께서는 한마디 불평의 말씀이 없으셨다. 그때 아버지께서는 혼자 할머니 상을 모셔둔 큰댁에서 주무셨다. 어머니께서는 할머니 상을 모셔 둔 큰댁에서 밥을 짓고 식사하기 전에 할머니 상에 밥을 올리는 일은 내게 당부하셨다. 그렇게 1년 동안 우리 가족은 묵묵히 두 집 살이를 거룩하게 해냈다. 1년 후에 할머니 큰제사가 돌아왔을 때 할머니 상을 마치고 아버지께서 우리 집으로 귀환하셨다.

할머니께서 나를 간택해서 동침하실 때 지극한 사랑으로 대하셨다. 나는 1년 동안 할머니 상을 정성스럽게 모셨다. 그렇게 마지막까지 할머니하고 나는 명콤비였다.

11
모닝콜 해주는 남자

 이른 아침 침상에서 울리는 휴대전화 벨소리에 눈을 뜬다. 새벽에 출근하고 정해진 시간에 전화를 해주는 남자다. 밤늦은 시간에 독서를 하고 글을 쓰는 습관을 가진 아내를 탓하지 않고 약속한 시간에 전화해서 잠을 깨우고 하루를 응원해주는 사람이다. 어쩌다 모닝콜을 받기 전에 잠이 깨면 도로 누워서 눈을 감는다. "잠꾸러기, 일어날 시간입니다~~"하고 풀잎 끝에 맺힌 이슬 같은 목소리를 듣고 마지못해 일어나는 듯 투정을 부리면서 하루를 시작한다.

 지난주 결혼 26주년을 맞이했으니, 함께 살아온 세월이 켜켜이 쌓여 역사가 되었다. 가정을 이루고 살면서 남편을 머리로 삼는 착한 아내, 두 자녀를 정성으로 보살피는 지혜로운 엄마가 되겠다고 스스로 다짐하면서 살아왔다. 남편이 꿈꾸는 가정과 두 자녀가 원하는 가정이 무엇이겠냐 헤아리면서 한시도 느슨하게 지낼 수 없었다.

아낌없이 주는 큰 나무 같은 사람이다. 철없는 아내가 투정을 부리면 넉넉한 웃음으로 받아주고 원하는 것을 마다하지 않는 아버지 같은 사람이다. 자녀들이 두 어깨에 매달려 이것을 해달라, 저것을 해달라고 떼를 쓰면 '엄마가 허락하면 해줄게'하고 교육부 장관을 자처한 아내의 결재를 얻어내는 지혜로운 아빠였다.

자녀들이 입버릇처럼 달고 하는 말이다. 마을마다 큰 느티나무가 떡하니 버티고 있어서 그늘이 되어주는 것처럼 아빠께서 큰 나무 같다고 한다. 바람이 세차게 불어와도 한바탕 소나기가 퍼부어도 그 나무 아래로 달려가면 보호받을 수 있는 것처럼 아빠의 넓은 가슴이 좋다고 한다.

결혼생활을 시작하고 허니문 베이비 딸아이를 잉태했을 당시 태교를 시작했다. 그런 내 모습이 얼마나 생경했을까! 남편은 말은 하지 않았지만 작은 눈을 동그랗게 뜨고 어깨를 들었다 놨다. 나의 최대의 무기는 책이었다. "궁궐에서 왕비가 성군을 낳기 위해 태교를 했다, 양반가에서 핏줄을 잇기 위해 가문의 자식을 낳기 위해 태교를 했다, 유대인 부모는 자녀를 잉태하면 하나님께 감사하고 태교를 시작했다."라는 등 일장연설을 하면 손사래를 흔들면서 알았다고 했다. 자녀의 교육에 대한 전권을 아내에게 부여해 주고 뒷바라지하느라 땀을 뻘뻘 흘리던 아빠였다.

남편과 크게 갈등을 겪었던 적이 있었다. 첫째 딸아이가 겨우 걸음마를 시작하고, 둘째 아들아이가 백일 되기 전이었다. 자녀들을 위해 작은 방을 책으로 가득 채운 나를 보고 버럭 화를 냈다. 아이들이 책을 읽는 것도 아닌데, 어려운 형편에 책에 큰돈을 투자한 것을 질책했다. 온 국민이 IMF 위기에 힘들어할 때였으니 돌이켜 보면 철없는 아내였다.

그때 나는 남편에게 진심으로 용서를 구했다. 전업주부로 살림을 하면서 자녀들의 미래의 청사진만 그렸을 뿐 현실을 직시하지 못했던 불찰이었다. 아내와 자식을 어깨에 얹고 밖에서 힘든 일들을 내색 없이 혼자서 감당하는 것을 미처 눈치채지 못해서 미안했다.

천만다행이었다. 자녀들이 책을 끼고 살았다. 올망졸망 어렸을 때부터 낑낑대고 책을 들고 와서 읽어달라고 졸라댔다. 아빠는 일과를 마치고 퇴근한 후 작은 방에서 아내와 자녀들이 책을 안고 웃고 자지러질 때 나르시시즘의 미소를 지었다. 아빠가 소리 없이 나갔다 들어올 때 아이스크림을 들고 있는 손을 내밀면 자녀들은 물개 박수하면서 탄성을 질렀다. 우리 아빠, 최고라고 했다. 이런 억울한 일이! 아이스크림 얼굴에 묻히고 온종일 시달리고 파김치가 된 엄마는 안중에도 없었던 찬란하게 아름다운 시절이었다.

나는 다섯 살, 세 살 된 아이들 안고 한국방송통신대학교 영어영문학과 공부를 시작했다. 그는 학기말 시험이 있는 날에는 부여에서 새벽에 출발하여 대전 시험장에 나를 내려주고 어린것들과 온종일 대청댐에서 시간을 보냈다. 태양을 배웅하고 어둠이 내리기 시작하는 시간 시험장에서 나오면서 나를 향해 질주하는 지친 표정이 역력한 아빠와 두 자녀를 만났다. 절인 무김치처럼 축 늘어진 아빠와 흙투성이 아이들은 내가 존재해야 하는 이유였다.

그렇게 5년 동안 한순간도 얼굴 찡그리지 않고 외조를 한 위대한 사람이었다. 마지막 논문이 통과되었다는 통보를 받은 날에는 퇴근하면서 빨간 장미를 내 품에 안겨주면서 수고했다면서 따뜻하게 안아주었다. 그렇게 시작한 아내의 공부는 멈추지 않았다. 이런저런 자격증 공부와 시험, 시 등단과 수필 등단 후 석사과정 공부를 시작했을 때도 외조를 아끼지 않았다. 내가 한 가지씩 매듭을 지을 때마다 이벤트를 열어주었던 멋있는 남자였다.

그와 지인의 소개로 만나서 열 손가락 꼽을 만큼의 만남을 가진 후 양가 부모들의 재촉에 결혼하게 되었다. 결혼 후 고등학교가 가깝다는 이유로 고3 수능생 막내 시동생과 동거를 했다. 딸아이가 허니문 베이비였으니 연애를 하지 못한 한은 내가 유일하게 그를 꼼짝 못 하게 할 수 있는 무기였다. 독서를 할 때마다 책을 들고 작가와 열애 중이라고 엄포를 하고 주인공이 애인이라고 선언해도 피식 웃어넘기는 남자다.

눈물 많은 아내를 둔 아름다운 죄를 가진 남자다. 장례식장에 문상 가는 날에 손수건을 필수로 챙기는 에티켓을 잊지 않는다. 장례식장에서 상주는 웃고 있는데 옆에 앉아 울고 있는 아내를 위해서 슬쩍 손수건을 건네준다. 영화관에서도 슬픈 영화를 관람할 때 폭포처럼 눈물을 흘리는 아내를 위해 그의 주머니 안에는 손수건이 필수품이었다. TV 드라마를 볼 때는 두루마리 화장지를 옆에 갖다 주는 일은 항상 그의 몫이었다.

 겁 많고 눈물 많은 아내가 운전을 시작했을 때 안절부절못하면서 걱정했다. 타지에 다녀올 일이 있으면 출발하기 전에 내비게이션을 켜고 위치를 확인시켜 주고 무사히 다녀오라고 응원해 주었다. 운전에 익숙해진 아내가 종횡무진 다녀오면 많이 컸다고 대견해 하는 어른 같은 한 살 연상 남자다. 아내의 차를 일주일에 한 번씩 세차해주고 기름을 가득 채워주는 로맨티시스트다.

 휴일에 드라이브 여행을 떠나는 중년의 부모에게 성인이 된 딸이 덤으로 하는 말이다. "아빠하고 엄마는 연애하면서 사는 것 같아요. 엄마가 연애 시절이 없었다고 한스럽다고 했잖아요. 제 친구들 부모님들은 각자 친구들과 여행을 떠난다고 해요. 엄마, 지금 연애하는 것도 좋지요?" 참으로 듣기 좋은 말이다.

 남편은 여행을 떠나기 전에 아내를 위해서 잔잔한 음악을 세팅한다. 시인인 아내가 탄성을 지르면서 감동할 때 가장 행복한 미소를 짓는다. 여행지 가는 도중에 문학관이 있으면 돌아서 가는 길이라도 꼭 들러준다. 문학관에서 카메라맨이 되어 아내의 이모저모를 담아서 가족 단체 카톡방에 올린다. 딸과 아들이 보기 좋다는 내용의 답장을 보내오면 싱글벙글이다.

아내가 시낭송 무대에 서기 전에는 우리 집 거실은 무대가 되고 남편은 관객이 되었다. 며칠 동안 책을 들고 아내의 낭송을 들으면서 틀린 부분을 체크하고 태도와 목소리를 모니터링 해준다. 어쩌다 자녀들이 그 모습을 보면 '아빠가 대단하다!'라고 난리다. 시인인 아내 때문에 아빠가 괴로울 것 같다는 자녀들에게 그는 詩人의 남편은 아무나 하는 것이 아니라고 일침을 주었다.

요즘 74살 여배우가 오스카 시상식에서 여우 조연상을 수상 후 국내뿐만 아니라 세계적으로 유명해진 매체를 접한 후 그에게 아내가 물었다. "당신의 꿈은 무엇인가? 남편과 아빠로 살아온 시간 정말 아름다운 역사에 감사를 드린다. 한 남자인 당신을 위해서 하고 싶은 일을 응원하겠다. 그 꿈을 찾아보라."

오늘의 아내가 있기까지 외조를 멈추지 않은 남편이었다. 지금부터 역할 역전할 때라고 생각한다. 여우 같은 아내를 위해서, 토끼 같은 자녀들을 위해서 청춘을 고스란히 바친 사내였다. 그를 위해서 빛나는 내조를 시작하려고 한다.

잊지 못할 에피소드다! 남편의 직장 후배가 결혼 후 자녀를 양육하면서 힘들어했다. 남편이 자녀를 어떻게 키웠느냐고 묻는 후배에게 말했다. "자녀 키우는 일은 엄마에게 맡기고 잔소리하지 마라. 책을 많이 읽게 해라. 가끔 아이스크림 사다 주고 응원해주면 된다." 그날 아내는 온종일 나르시시스트가 되었었다.

아내는 그 남편에게 '행복한 남자'라는 훈장을 주고 싶었다. 아내는 한 남자인 그를 시댁에서, 친정에서, 지인들과 자녀들 앞에서 하늘의 위치에 두었다. 아내는 말과 행동으로 그를 존중했고 우러르고 살고 있다.

우리 부부가 나르시시즘에 푹 빠져 헤어날 수 없는 이유다. 딸이 아빠 같은 남편을 만나고 싶다고 했다. 아들이 엄마 같은 아내를 만나고 싶다고 했다.

매일 아침 가장 맑은 목소리로 아내의 잠을 깨우는 남자가 있다. 잠꾸러기 아내는 행복하다!

12
나의 사랑 나의 가족

시간은 눈치채지 못하게 아주 조금씩 소리 없이 흘렀다. 연초 위풍당당 발걸음 걷기 시작한 지 엊그제인데 그새 세모에 이르렀다. 시간은 위대했다. 내가 아무리 붙들어 두고 싶다고 고백을 하여도 꿈쩍도 하지 않았다. 뒤도 돌아보지 않고 야속하리만치 빠르게 떠났다.

해마다 이맘때가 되면 가장 착한 마음으로 귀의하게 된다. 위대한 시간 앞에 무릎을 꿇을 수밖에 없다. 한 해를 돌아보고 잘못한 점을 반성한다. 한 해 동안 받은 축복을 헤아린다. 우리 가족 모두 건강하게 각자의 위치에서 성실하게 일하고 있다. 언제나 그렇듯이 감사할 수밖에 없다.

나의 사랑, 나의 가족!
나에게 가족은 모든 것이다. 가족을 생각하면 가을 들녘에 피어있는 들꽃처럼 나를 부르르 떨게 한다. 언제나 내 편이 되어주고 나를 지켜주는 든든한 울타리이다. 내가 철옹성으로 지켜야 하는 거룩한 성지이다.

나는 결혼 후 팔을 걷어 올리고 현모양처를 자처했다. 우리 가정이 세상에서 가장 따뜻한 공간이 되게 하겠다고 생각했다. 우리 가족이 내가 가꾼 가정에서 행복을 만끽할 수 있게 하겠다고 다짐했다. 내가 그린 가정에 대한 큰 그림을 완성하기 위해 나는 모든 수단과 방법을 총동원했다.

나는 자녀를 잉태했을 때부터 태교에 집중했다. 우리나라 궁궐에서 행했던 태교, 양반가에서 지켰던 태교, 유대인이 중요시했던 태교에 관한 책을 선정하여 읽었다. 누가 내게 태교에 대해 강의하라면 자신 있게 강단에 설 수 있겠다. 그렇게 자녀를 소중하게 품었다가 세상에 내놓았다.

두 자녀를 양육할 때는 육아지침서를 총망라해서 읽었다. 자녀들이 생각하는 것과 말하는 것과 행동하는 것이 얼마나 위중한 것인지 몸소 가르쳤다. 그 자녀들과 날마다 책을 읽고 토론을 했다. 내가 교육원에서 유대인의 하브루타 교육에 대해서 공부할 때 내가 자녀를 양육했던 방식이 바로 유대인의 교육 방식이었다는 것을 알고 전율했었다. 자녀들의 백일과 첫 생일에 들어온 축하금과 금반지를 모두 팔아서 책을 들여놨다. 자녀 방을 책으로 가득 채우고 거기서 자녀들과 아웅다웅했다. 날마다 티격태격, 좌충우돌 정신없이 지냈다.

자녀들이 걷기 시작했을 때 부여박물관 주차장에서 세발자전거를 배웠다. 인라인스케이트를 타고 궁남지를 산책했다. 나는 자녀들과 도로를 걸으면서 눈에 들어오는 글씨는 죄다 읽었다. 상점의 간판, 지나가는 탑차의 광고 하물며 쓰레기통에 씌어 있는 글씨조차 우리에게는 학습의 장이었다. 그때 나는 자녀를 양육하는 것이 가장 중요하다고 판단했다. 내 직장 내 꿈을 모두 미루어 두고 전업주부로서 가정에 상주했다. 성인이 된 두 자녀를 국가와 사회에 들여보내고 내 선택에 대해 여한이 없다.

남편의 위치는 언제나 내 머리 위에 두었다. 언제나 남편의 뜻에 따르고 그를 존중하면서 지냈다. 딱! 한 번 남편의 뜻을 거스른 적이 있다. 첫째 자녀가 태어났을 때 우리나라는 IMF를 맞았다. 국가의 흔들리는 경제는 곧 우리 가정에도 두려운 진동이 되었다. 남편의 월급이 삭감되었다. 그때 철없는 아내는 남편과 상의 없이 자녀들을 위해 방안에 가득 책을 들여놓았다. 녹초가 된 모습으로 퇴근한 남편의 작은 눈이 휘둥그레 했다. 남편과 상의 없이 책을 들인 것이 남편에게는 미안했지만, 자녀들을 위해서 철회할 수 없었다.

그때 나는 남편에게 무릎을 꿇고 "여보, 당신과 상의 없이 책을 사서 정말 미안해요. 이번 한 번만 이해해 줘요. 우리 아이들에게 책을 읽히는 것이 절실해요. 오늘 책값이 아깝지 않도록 열심히 읽히고 잘 양육할 거예요. 다른 방면으로 낭비하지 않을게요."하고 이해를 구했다. 남편은 침을 꿀꺽 삼키더니 나를 꼭 안아주었다. 그날 이후 단 한 번도 남편의 뜻을 거역하지 않았다. 자녀들에게는 지혜로운 엄마가 되었고 남편에게는 착한 아내로서 도리를 다했다.

그 후로 나와 자녀들은 날개를 달고 날아올랐다. 우리는 아침 식사하고 책을 읽었다. 점심식사하고 책을 읽었다. 저녁 식사하고 또 책을 읽었다. 작은 방에서 두문불출하고 까르르, 하하하, 호호호, 낄낄낄 날마다 자지러지게 웃었다.

지인들이 자녀에게 한글을 가르친다고 기백만 원하는 학습지를 사고 한글 교사에게 자녀를 맡길 때 나는 자녀들과 책을 가지고 놀았다. 자녀들이 말문이 열리면서 기적처럼 책을 읽기 시작했다. 자녀들은 정확한 발음으로 또랑또랑하게 책을 줄줄 읽었다. 우리 주변 지인들이 깜짝 놀라고 유치원 교사를 하는 시댁 형님께서는 아이들이 영재라고 칭찬했다.

첫째 딸아이가 여섯 살 때 유치원에 갔다. 처음으로 엄마 품을 벗어났다. 둘째 아들을 안고 지내면서 한국방송통신대학교 영어영문학과 공부를 시작했다. 자녀들보다 한발 앞서 준비하고 자녀들과 발걸음을 맞추기 위해 노력했다.

지금은 인터넷 강의로 언제든지 들을 수 있는 교육시스템이 되었지만, 내가 공부할 당시는 정해진 시간에 텔레비전을 통해 방송되는 학습을 챙겨서 들어야 했다. 자녀들과 분주하게 지내는 동안 방송시간을 놓치지 않기 위해 비디오테이프에 모든 학습을 녹화했다. 더러는 카세트테이프로 수업을 듣기도 했다. 그때처럼 지독하게 공부한 적이 또 있었던가.

나는 대학교 공부를 치열하게 하면서 내 시간을 우선 가족을 위해 분배하고 가족이 모두 잠든 늦은 시간에 공부 삼매경에 들었다. 남편이 퇴근 후 우리 가정은 가장 안락하고 따뜻한 안식처로 만드는 것이 내 최선이었다. 두 자녀가 아빠 배에 앉아서 노래 부르고 아빠 등을 타고 오르면서 탄성을 질렀다. 아빠의 웃음소리와 자녀들의 웃음소리가 하모니를 이루면서 거실이 들썩거렸다. 주방에서 앞치마를 두르고 요리하고 설거지를 하면서 덩달아 콧노래를 하모니에 더했다.

자녀들이 초등학교에 입학하고 나는 학부모라는 아름다운 이름을 갖게 되었다. 학교 과제로 글쓰기가 많았다. 독후감은 물론 학교 행사 때마다 글짓기 과제가 있었고 대외 백일장 대회도 자주 있었다. 엄마 뱃속에서부터 책을 읽었던 내 자녀들에게는 유리했다. 두 자녀는 글짓기 대회 상을 휩쓸었다. 첫째 딸이 초등학교 6학년 때 도지사상을 받았을 때 부여군 교육청 홈페이지 메인을 장식했다. 둘째 아들은 초등학교 4학년 때 백일장 대회에서 장원하고 신문에 실렸다. 초등학교 때뿐 아니라 중학교, 고등학교를 지나 성인이 된 지금도 책을 끼고 지내고 글을 쓰는 취미를 나르시시즘으로 간직하고 있다. 참으로 다행이다.

아들이 고등학교 3학년 때 진해에 있는 H 사관학교에 지원했을 때 잠시 떨었다. 아들이 입시학원에 다니거나 과외를 받지 않고 혼자 지원했기 때문이었다. 하물며 H 사관학교 입학에서 많은 비중을 차지하는 자기소개서를 아무도 모르게 혼자서 써서 제출했다고 했을 때 어찌하지 못하고 발을 동동 굴렀다. H 사관학교에서 최종 합격했다는 통보를 문자를 받았을 때 아들은 야간자습을 땡땡이하고 귀가해서 거실에서 두 손을 번쩍 들고 '만세! 아빠, 엄마~~ 정말 기뻐요.' 하고 들뜬 목소리로 말했다. 그것이 아들이 H 사관학교 합격 세리머니 전부였다. 그 아들이 H 사관학교 졸업하고 국가의 소속이 되었으니 우리 가문의 영광이다.

남편은 한결같이 든든한 지원군이었다. 아내가 공부를 시작했을 때 적극 지원하기 시작한 그의 임무는 지금도 진행 중이다. 아내가 방송통신대학교 졸업하고 공부방을 시작했을 때 이층집을 사고 옥상에 공사하여 공부방을 만들었다. 아내가 공부방 교사로 일하면서 건양대학교 대학원에 입학했을 때 누구보다 기뻐한 남편이다. 시낭송 대회를 위해 시를 외우는 아내의 모니터링을 자처하고 밤마다 아내의 시를 들으면서 틀린 곳을 찾아냈다. 그 아내가 박사과정 공부를 하겠다고 원서를 내고 최종 합격통지서를 받았을 때 활짝 웃으면서 아내의 머리를 쓰다듬었다. 남편은 아마도 전생에 아내는 남편의 딸이었을 것이라고 말했다.

취업을 준비하던 첫째가 꿈틀하고 태동을 시작했다. 딸은 아름답고 착하고 장점이 많으니 제자리 잘 차지할 것이다. 아들은 언제나처럼 위풍당당 전진할 것이다. 남편은 한결같이 근면하고 성실하고 든든한 울타리가 되어 우리 가족을 지킬 것이다. 나는 다시 공부를 시작할 것이다. 나는 거룩한 가정의 안주인으로서 지고지순하게 위치를 지키면서 문학을 향하여 발돋움을 멈추지 않을 것이다. 가장 순결한 모국어, 한국어로 글을 쓰고 시낭송을 하여 우리말과 우리글의 우수성을 널리 퍼뜨리는 수고를 멈추지 않을 것이다.

말과 글은 그 사람의 품격品格이다!
내 삶의 좌표로 삼은 격언이다. 나는 언행심사가 곧 나의 품격이라고 역설한다. 글을 쓰는 문인으로서 살얼음판을 걷는 이유이다. 내 혀를 깨물어 피가 날지언정 남을 헐뜯지 않을 것이다. 내 손으로 쓰는 모든 글이 사람들에게 따뜻한 메시지가 될 수 있게 노력할 것이다. 나는 별을 노래하는 마음으로 말하고 잎새에 이는 바람에도 괴로워하면서 글을 쓸 것이다. 말과 글이 곧 품격이라는 말을 지켜낼 것이다.

임인년 새해를 맞이할 날이 얼마 남지 않았다. 거룩한 마음으로 새해맞이 준비를 한다. 우리 가족을 지켜주신 하나님께 무릎 접어 기도한다. 하나님께서 우리 가족을 지금까지 지내온 것처럼 언제나 지켜주시고 어디서나 보호해 주시리라 믿는다. 우리 가족 모두 건강을 축복으로 주시기를 구한다. 우리 가족 모두 제 위치에서 제 역할을 신실하게 하여 우리나라와 우리 사회에 없어서는 안 될 중요한 사람들이 되게 해달라고 간절히 기도한다.

박경리 선생님!

저는 『土地』 16권을 읽으면서 주변을 정돈하고
몸가짐을 바르게 하고 의식을 치르듯 했습니다.
생각도 마음도 가지런히 하고 일어나서 읽고, 식사하고 읽고,
자고 읽고, 먹고 읽고, 또 읽고 읽었습니다.

저는 몸부림쳐야 할 무엇인가가 절실했습니다.
선생님과 칩거하고 『土地』를 안고 뒹굴었던 두 달 동안 살고 있음에 감사했습니다.
누군가를 미워하고 원망하는 것이 티끌만큼도 가치가 없다는 것을 깨달았습니다.
모두 훌훌 털어 버렸습니다.

제가 그토록 고대하던 언어, 전화위복!
선생님과의 동행이 선물처럼 주어졌었습니다.
선생님과 『土地』가 제게 전화위복이 되었습니다.
선생님, 고맙습니다.

제4부
작가의 서재에서

1
영화『나랏말싸미』

『나랏말싸미』 영화가 개봉되고 의견이 분분했다. 매체에서는 역사 왜곡이라는 무거운 의견을 다루고 있었다. 직장에서 가족처럼 지내고 있는 지인들도 '그 영화, 별로라고 해요.' '아, 그거 재미없다고 했어요.'라고 친절하게 귀띔해 주었다. 그러나 나는 간과하고 싶지 않았다. 감독의 말처럼 완성 시점에 대한 기록만 있을 뿐 언제, 어떻게 시작됐다는 기록은 없는 훈민정음. 세종이 훈민정음을 창제한 순간이 위대한 이유와 그 과정을 구체적으로 그려보고 싶었다는 그와 발을 맞추어 보고 싶었다.

영화의 시작은 계속되는 가뭄에 왕이 기우제를 지내는 신이 등장한다. 신하가 기우제 제문을 낭독하는데 언어가 우리글이 아니라 어려워서 알아듣지 못해 비를 내려주지 않겠다는 불평 섞인 대왕의 호령으로 이야기는 전개된다. 왜 나라 스님들이 조선은 불교를 누르고 유교를 받드는 국가이니 해인사에 있는 '팔만대장경'을 왜에 달라고 한다. 정종 때 왜에 주겠노라 약속한 것이라고 이번에 팔만대장경을 가지고 돌아가지 못하면 식솔들도 무사하지 못할 것이라고 억지를 부린다. 대왕과 대신들이 난처해하면서 전전긍긍하고 있을 때 소헌왕후 조언으로 신미 스님을 부른다.

신미 스님이 왜의 스님들에게 한 말이 의미심장했다. "우리나라의 보물을 줄 수 없다. 너희도 가서 직접 만들어라. 직접 만들지 않으면 나무쪼가리에 불과하다." 신미의 설득력 있는 역설로 팔만대장경은 보존된다.

대왕은 신미를 만난 후 마음을 연다. 신미에게 별자리를 보여주면서 헤아릴 수 없이 많은 밤하늘의 별을 스물여덟 개의 별자리로 압축하여 나타내고 있듯이 세상에서 가장 쉽고 가장 아름다운 문자를 만들고 싶다고 한다. 모든 백성이 문자를 쓰는 나라. 중국을 능가하는 나라를 만들고 싶다고 한다. 신미는 처음에 문자가 소리를 담는 그릇이 되면서 소리를 죽이는 작두가 되기도 한다면서 대왕의 의견에 반기를 들지만 대왕의 거룩한 뜻을 받들어 한글 창제에 힘쓴다.

한글 창제의 과정이 감동이었다. 글자의 소리가 어디에서 나는지 알기 위해 발성을 하면서 손가락을 일일이 입에 넣어 위치를 확인하면서 연구한다. 당대의 어려운 한자는 백성들이 익히고 쓰기 힘들었기 때문에 점과 선만으로 다양한 글자의 조합을 만들어 소리를 적을 수 있는 문자를 만들고자 했던 것은 대왕이 백성을 얼마나 사랑했는가 알 수 있는 단면이리라.

대왕이 반포를 앞두고 난처한 얼굴로 한글 창제의 공을 유학자들에게 넘겨야 한다고 말한다. 유학자들의 공으로 돌려야 천년이 가는 문자가 된다고 한다. 신미는 실망한 얼굴로 대왕은 왕의 탈을 쓴 거지라고 한다. 공자의 제자들에게 복걸하고 부처의 제자들에게 애걸한다고 화를 낸다. 대왕은 문자를 만드는 일보다 지키고 퍼뜨리는 일이 더 중요하다고 역설한다. 신미는 고심 후에 유자들과 반포하라고 하면서 새 문자 사용법을 책으로 엮어 바친다. 그래야 문자가 오래간다고 하지 않았냐면서.

대왕과 신미는 새 문자 이름을 '언문'이라고 일컫는다. '언'에는 속되다 뜻도 있지만 강하고 억세다는 뜻도 있다고 한다.

예상했던 대로 대신들의 반대가 불일 듯했다. 중국을 거스를 수 없다고, 어찌 천한 중하고 문자를 만들 수 있었냐고, 중국에서도 노발대발할 것이라고, 대대로 내려온 글을 어찌할 것이냐고. 대왕은 "자신은 유자도 아니고 불자도 아니다. 대신들이 도와주지 않으면 아무것도 할 수 없는 늙고 병든 자"라고 하소연한다. 대왕은 한글 창제 반포 서문에 108자로 뜻을 밝힌다. 대신들은 유자답게 거룩한 이름'훈민정음'으로 명명하면서 거대하게 한글 창제 반포를 한다.

신미는 영화 마지막에 결론짓는 말을 한다. 대왕께서 서문에 108자 쓴 마음으로 자신에게는 충분하다. 백팔번뇌 떨치라는 뜻 아니겠는가? 언문은 주상이 펼친 '팔만대장경'이다.

나는 영화를 관람하는 내내 숨을 쉴 수 없었다. 너무도 가슴 벅찬 감동을 주체할 수 없었다. 소갈증을 앓는 대왕은 무리하면 안 된다는 의관들의 충고를 아랑곳하지 않고 오롯이 백성을 위해서 한글 창제에 혼신을 쏟는다. 그런 대왕을 내조하면서 힘과 용기로 부축하는 소헌왕후의 소신도 빛났다. 당연 일등공신은 신미스님이었다. 한글 창제에 혼신을 쏟아붓고 천 년 가는 문자가 되기 위해서 모든 공을 대신들-유학자-에게 돌렸으니 말이다. 팔만대장경은 고려 때 외세의 침입으로 어려운 나라를 지키고, 국민들의 의지를 한 곳으로 모아 국난을 극복하고 혼란 가운데 안정을 찾게 해 준 위대한 힘이었다. 대왕이 펼친 문자를 팔만대장경이라고 한 말이 최고의 찬사가 아닐까?

나는 오래전부터 우리 것에 대한 자부심이 강했다. 세계 어느 나라 문자가 만들어진 시기가 정확하게 과학적으로 수학적으로 있을까? 언젠가부터 자주 쓰는 글이 있다. 가장 한국적인 것이 가장 세계적인 것이라는 말은 되새김할수록 고개가 숙연해진다. 그토록 힘든 과정을 거쳐 잉태하고 세상에 태어난 우리 문자. 대견하고 자랑스러운 한글. 나는 가장 빛나게 가장 아름답게 노래하리라.

2
영화 『천문』

『천문』은 조선의 하늘과 시간을 만들고자 했던 세종대왕과 관노 출신의 과학자 장영실의 숨겨진 이야기를 그려낸 영화다. 세종대왕의 가마 '안여'가 바퀴가 부러지는 사고가 발생하고 비 내리는 들판에서 흙탕물을 뒤집어쓴 왕과 신하들의 난감한 표정을 중심으로 전개가 이루어진다. 안여사건 며칠 전으로 타임머신 타고 되돌아가듯 사건을 다루는 기술이 흥미진진했다.

내가 몇 달 전에 관람했던 영화『나랏말싸미』도 세종대왕을 다룬 영화였다. 백성을 사랑하는 마음으로 훈민정음을 창제해서 반포하는 위대한 대왕-나랏말싸미-과 노비 출신의 과학자와 친구가 되어 꿈을 이루는 인간다운 이도(세종대왕 이름)-천문-의 모습이 따뜻하게 대조를 이루고 있었다.

세종은 명나라에 의존하지 않고 굳건히 스스로 서는 조선을 꿈꾸는 군주였다. 그의 시대에 과학적 발명품들을 남겼던 장영실은 세종이 마음으로 품은 꿈을 그의 손으로 이루어 냈다. 영화를 관람하면서 나도 모르게 '아~!' 하고 탄성을 지르면서 손을 모은 장면이 있었다.

비 오는 날에 세종이 별을 보고 싶다고 한다. 장영실은 별을 보여 주겠다고 하면서 왕의 침소에 들어가서 창호지 문을 먹으로 어둡게 칠한다. 내관에게 밖에서 촛불을 들고 있으라고 하고 검은 창호지 문에 별자리 모양대로 구멍을 뚫었다. 마치 밤하늘에 빛나는 별처럼 북두칠성 별자리가 선명하게 보이고 가장 크고 빛나는 별 북극성을 만들었다.

장영실이 세종에게 하늘의 중심에서 가장 밝게 빛나는 북극성이 대왕의 별이라고 했을 때, 세종은 장영실의 별은 어느 별이냐고 묻는다. 자신은 천출이기 때문에 고개 들어 하늘을 우러르는 것도 허락되지 않았는데 어찌 감히 별이 있겠냐고 했을 때, 세종은 북극성 옆에서 빛나는 별이 장영실의 별이라고 말한다. 세종의 말에 장영실의 눈에 감사의 눈물이 가득 차오른다.

세종과 장영실이 별을 보고 기쁨에 들떠 꿈을 이야기하는 장면에서 감동이 커서 나도 따라 뜨거운 눈물을 흘리고 있었다. 별을 보면서 꿈을 이야기하는 순간에는 대왕과 노비 출신의 신하가 아닌 따뜻한 가슴을 가진 뜨거운 눈물을 흘리는 두 사람이 있었을 뿐이었다. 그들의 대화를 엿듣는 나도 별을 보면서 대왕의 별과 장영실의 별 언저리에 나의 별을 그려두고 싶은 마음 간절했다.

명에 의존하지 않고 조선의 독자적인 절기를 찾고 싶어했던 세종의 바람을 장영실은 독창적으로 도구와 기술을 통해 개발해 냈다. 세종은 해시계에 의존했던 당시에 물을 이용해서 소리를 내면서 시간을 알려주는 자격루를 만들어서 백성들이 밤에도 정확한 시간을 갖게 되었다고 좋아했다. 세종은 하늘을 관측하는 간의를 만들어서 정확한 절기를 찾고 백성들에게 시기에 맞게 씨를 뿌려 농사를 짓게 하였다. 세종은 조선의 땅에 맞는 조선의 시간을 갖게 되었다고 기뻐한다.

명나라를 들먹이면서 신하들이 반대가 해일처럼 일어나고 명나라 사신이 지켜보는 앞에서 장영실이 만든 기구들이 해체되고 불에 태워지는 순간 세종의 눈에는 가득 고였던 눈물이 흘러내렸다. 신하들이 조선의 안위를 위해 장영실을 명으로 보내야 한다고 의견을 모으는 절정의 순간에 세종이 온천으로 행궁을 나간다. 왕이 없는 궁에서 영의정을 중심으로 신하들이 뜻을 모아 명나라에 내어준 장영실은 오라에 묶여 포로의 신세로 잡혀가게 된다. 장영실이 조선에 남아있는 한 언제든지 과학 기구들을 만들 수 있다는 명나라의 우려에 조선의 신하들이 머리를 조아리고 장영실을 내어주는 장면이 한심하고 어처구니없고 답답하기만 했다. 픽션(Fiction)이라고 인식하면서 인내하려고 노력했지만 나도 모르게 '저런 바보 같은 인간들!'하고 외마디 탄식을 했다.

세종의 안여사건으로 조정이 발칵 뒤집히고 가마를 만든 책임자 장영실을 소환하라는 어명에 명나라로 끌려가는 장영실을 데려다가 의금부에 옥에 감금한다. 안여사건은 명나라로 끌려가는 장영실을 구하기 위한 세종의 프로젝트였다. 세종은 신하를 통해 장영실에게 도주할 수 있도록 회유하지만 장영실은 세종의 더 큰 꿈을 이룰 수 있는 명분이 되고자 죄를 인정하고 벌 받기를 자처한다. '역사의 기록은 안여사건의 책임으로 1442년 장영실에게 곤장 80도를 내렸다. 이후의 장영실에 대한 기록은 없다.'라는 자막과 함께 영화는 끝났다.

나는 발을 딛고 서서 땅에 만족하지 않고 하늘을 바라보고 꿈을 꾸었던 사람 세종과 장영실의 이야기가 단지 과거에 머무르는 것이 아니라 오늘 우리들에게 의미심장하게 다가오는 하늘이고 시간이라고 여겨진다. 나약하고 괴로워하는 세종의 모습에서 왕의 깊은 내면에 숨어 있던 인간 '이도'의 모습을 볼 수 있었던 시간이 위로가 되었다.

가장 높은 곳에 있는 왕과 세상의 가장 낮은 곳에서 있었던 노비와의 만남 그리고 고독한 두 남자가 서로를 알아보면서 서로를 위해 눈물을 흘리는 장면은 가장 인간다운 아름다운 모습이었다. 세종과 장영실처럼 나도 마음에 간직한 꿈을 꺼내 보이고 대화할 수 있는 친구를 찾고 싶다. 남성이나 여성이 아닌 뜨거운 가슴을 가진 눈물을 공유할 수 있는 그런 사람을 갖고 싶다. 세종의 장영실처럼. 장영실의 세종처럼. 그들을 오랫동안 내 마음에서 내려놓지 못할 것 같은 예감이 강하게 자리한다.

조선의 하늘과 시간 같은 꿈을 꾸었던 두 천재 세종과 장영실. 아름답고 향기롭게 빛나는 별이다.

3
최명희 『혼불』

『혼불』은 오랫동안 나를 목마르게 했고 학수고대하게 한 책이었다. 재작년에 인터넷 서점에 들어가서 구매하고자 하였는데 품절이었다. 그 후로 몇 번을 인터넷 서점에 들어갔다가 찬바람 안고 돌아오기를 반복하다가 내 손에 들어왔다. 그렇게 긴 시간을 그리움으로 사로잡혔기에 그토록 절절하였던가! 책을 펼친 순간부터 손에서 책을 놓을 수가 없었다. 깊은 밤 열 권의 책을 쌓아놓고 독서하는 나에게 가족들은 쉬면서 읽으라고 여러 번 만류를 했었다.

『혼불』은 1930년대 전라남도 남원 매안 이씨 가문의 종가를 중심으로 전개된다. 이 씨 가문의 종손 강모의 결혼을 시작으로 이씨 가문을 중심으로 매안 마을과 문중의 땅을 부치고 살아가는 상민들이 살고 있는 '거멍굴'이 등장한다. 강모의 할머니 청암 부인은 결혼한 후 시댁으로 간 신랑이 갑자기 죽었기 때문에 시댁으로 가는 날에 흰색 가마를 타고 소복을 입고 있었다. 매안 이 씨 시가에 처음 들어설 때 허물어져가는 기둥을 붙잡고 '내 홀로 내 뼈를 일으키리라.'고 각인하듯 다짐을 한다. 시동생의 아들을 양자로 들이고 여자의 삶을 접어두고 몰락해가는 한 집안을 일으키는 대장부로서 살아간다. 청암 부인의 노력으로 매안 이씨 가문은 위엄 있는 가문이 되고 누구도 함부로 다가설 수 없는 큰 힘을 가지게 된다. 기채와 율촌부인 사이에서 강모를 얻고 손부 효원을 보면서 자신의 뒤를 이어 가문을 지켜내기를 바라고 있었다.

효원은 대실 친정에서 혼례를 치른 후 신부를 외면하고 홀로 잠든 신랑 강모를 통해서 절망을 간직하고 새벽빛이 들어오는 창호문을 보면서 스스로 족두리를 벗고 활옷을 벗으면서 가슴에 찬바람을 안고 지낸다. 효원이 혼례를 치른 후 1년 뒤에 매안 시가에 와서 살면서 강모의 따뜻한 사랑을 그리워하면서 홀로 눈물을 삼키는 날들이 많았다. 강모는 사촌 여동생 강실을 무지개처럼 그리워하고 자신에게 사랑이 있다면 강실이뿐이라고 혼자서 고백을 한다. 강모는 학교 졸업 후 공무원으로 일을 하면서 만난 술집 여인 오유끼를 구하기 위해서 공금을 쓰고 감사에서 발각되어 집안에 큰 화를 끼친다. 강모는 강실과의 이루어질 수 없는 사랑에 도피를 하듯 만주 봉천으로 떠난다. 효원은 다행스럽게 아들 철재를 출산하고 한 남자를 사랑하는 가녀린 여인이 아닌 가문의 앞날을 내다보면서 가족과 친지들과 가문에 딸린 종들의 일상을 세심하게 돌본다. 효원을 보는 친지들과 집안 노비들도 할머니 청암부인에게서 풍기는 느낌을 효원에게서 느끼면서 청암부인과 효원을 보통 여인이 아니라고 놀라워한다.

청암부인이 운명한 날에 효원의 마음에 스며든 할머니 청암부인의 정신을 소중하게 품고 이씨 가문을 지키고자 다짐한다. 어린 아들 철재를 바라보면서 가문이 바르게 서야 아들의 장래가 빛날 것이라고 아들 철재를 위해서라도 흠 없이 티 없이 가문을 보존해야 한다고 스스로 다짐을 한다.

거멍굴에 사는 사람들은 이씨 문중의 땅을 부치고 살아가는 상민들이었다. 이 씨 문중의 양반들이 갈 수 없는 천한 마을이 거멍굴이었고 이 씨 문중의 사람들을 함부로 쳐다볼 수 없는 사람들이 바로 거멍굴 사람들이었다. 그곳에 신분 상승을 꿈꾸는 춘배와 세상이 뒤집히기를 바라는 악한 옹구네가 있었다. 춘배는 상것의 자식은 다시 상것이 되는 것을 몸서리치게 싫어하면서 강실이를 통해서 자신의 자식을 얻고자 하고 과부 옹구네는 악한 꾀를 내어 도모하게 된다. 강실의 임신을 알고 효원은 가문을 살리고 강실을 살리는 방도로 친정의 암자로 보냈으나 강실의 행방을 알 수 없어 애타하면서 강실의 어머니 오류골 작은 어머니의 손을 잡고 용서를 구한다. 효원 자신의 깊은 내면에서 강실이 눈앞에 보이지 않기를 바랐던 마음. 어디 먼 곳에서 있는 듯 없는 듯 살기를 바랐던 마음. 강실의 좋지 못한 행실이 가문을 더럽히고 아들 철재의 앞길을 막을까 염려해서 강실을 보냈던 마음. 그리고 한 곳에 켜켜이 쌓아놓은 신랑 강모에 대한 원망. 그렇게 강실이를 떠나보낸 것을 후회하면서 강실이 살아 돌아와서 효원 자신을 용서해 주기를 빌면서 소설은 막을 내린다.

『혼불』은 5부 10권으로 되어있는 대하소설이다. 작가 최명희 님은 17년간 장구한 세월을 『혼불』에 쏟아부었다. 혼불을 읽으면서 호흡이 멎을 듯했고 벅찬 감동 때문에 때로는 책을 덮고 긴 호흡을 했던 날들이 반복되었다. 그리고 소설 속에 등장하는 많은 사람들과 그들이 간직하고 있는 사연과 빛깔을 모두 엮어내지 못하는 내 미력한 글이 글쓴이에게 송구한 마음뿐이다. 다만 나의 감동이 빛을 잃기 전에 기록으로 남겨야 한다는 무거운 책임과 강박감으로 글을 쓴다.

나는 『혼불』을 읽으면서 한 문중의 사람들을 만나서 함께 지낸 듯 묘한 착각을 하게 되었다. 그리고 글쓴이의 화려하면서 사치스럽지 않고 우아하고 세련된 문체에 감탄을 감출 수가 없었다. 우리의 문화와 풍속과 생활에 대해서 실증적인 제시를 하면서 철저한 고증을 통하여 서술한 내용들은 아연할 수밖에 없었다. 『혼불』은 우리의 정신과 관습과 민간신앙과 각종 의례를 총망라하여 기록한 철저한 역사이고 문화라고 하겠다. 『혼불』이 곧 우리의 정신이라고 역설하고 싶었다.

소설이 전개되면서 강모와 효원이 혼례를 할 때는 혼례가 이루어지기까지 모든 전과 후를 철저하게 설명하고 있는 글쓴이의 해박한 지식에 감탄했다. 청암부인이 사망했을 때는 장례 절차를 철저한 고증을 거친 증언으로 전해주고 있었다. 심진학 역사 선생을 통해서는 우리 민족의 역사, 전주를 중심으로 전개된 백제의 역사와 후백제의 역사와 조선의 역사를 깊고 드넓게 들려주고 있었다. 겨울철 연날리기 장면에서는 연을 만드는 방법과 연싸움에서 이기는 비법과 연날리기에 담긴 사연을 들려주었다. 윷놀이 장면이 나오면 거기에 깃든 역사와 이야기를 백과사전을 펼친 것처럼 낱낱이 들려주고 있는 작가의 세세한 배려에 연신 감탄을 감출 수 없었다. 매안 사람들의 생활 모습은 우리 역사와 문화를 송두리째 보여주고 있었다.

 그리고 일제 강점기 우리 민족과 우리 조상들이 겪었던 암울하고 처절하게 슬픈 모습을 고스란히 그렸다. 글쓴이는 나에게 다시 두 손이 부르르 떨리는 어찌할 수 없는 울분과 원망을 간직하게 했다. 그리고 할머니 청암부인과 어머니 율촌부인과 부인 효원과 사촌동생 강실이와 동거녀 오유끼 까지 다섯 여자를 외롭게 한 강모의 도피적인 삶에서 한 자락 우리 민족의 삶의 애환을 느꼈다. 심진학 역사 선생을 통해서 우리 역사의 깊이를 다시 재어보게 되었다

 "혼불이라는 말은 국어사전에는 없다고 한다. 그러나 실제로 혼불을 보았다는 사람은 많다. 그것은 우리 몸 안에 있는 불덩어리로 사람이 제 수명을 다하고 죽을 때, 미리 그 몸에서 빠져나간다고 한다. 혼불은 목숨의 불, 정신의 불, 삶의 불이라고 할 수 있겠다. 그것은 또 삶을 사람답게 하는 힘의 불이기도 하다. 즉 혼불은 존재의 핵이 되는 불꽃인 것이다. 이미 혼불이 나가버린 사람의 껍데기만 남은 어둡고 차디찬 몸을 살아 있다고 믿는 어리석음이여. 나는 혼불이 살아있는 시대를 간절히 꿈꾸면서 우

리 역사에서 가장 어둡고 아픈 일제강점기 한 가문의 진정한 삶을 일궈내는 상처의 삼십 년을 쓰고 있는 것이다."

 책의 뒤표지에 적힌 글쓴이의 말을 옮기면서 글쓴이의 '혼불'은 우리 민족의 삶이요 역사요 문화라고 두 주먹을 쥐고 결론을 내린다.

4
영화『기생충』

Parasite~! Parasite~!

칸에서 그의 이름이 불렸다. 시드니에서. 할리우드에서. 영국에서, 미국아카데미에서… 수없이 기생충의 이름을 불렀다. 한국영화 100년 역사 최초라는 화려하고 자랑스러운 수식어를 기생충이 거머쥐었다. 『기생충』만세! 봉준호 감독 만세! 그 유명세를 확인하고 싶어서 뒤늦게 영화를 관람했다. 관람 후 직장에서 일하면서 가정에서 생활하면서 충격에서 벗어날 수 없었다. 몇 날 며칠을 『기생충』에 사로잡혀서 지냈다. 내 불치의 병, 글을 쓰고 싶은 유혹에 다시 관람을 자청했다.

달동네 반지하에서 살고 있는 기택의 가족은 모두 백수다. 아들 기우의 친구가 교환학생으로 외국에 가면서 과외 자리를 기우에게 위임한다. 기우가 과외를 맡은 고등학생 다혜네 집은 기우의 집과 대조를 이루는 높은 곳에 위치한 저택이다. 기우의 아버지 기택은 사업 실패한 백수, 다혜의 아버지 동익은 글로벌 IT 기업 CEO이다. 기우의 친구 민혁이 선물로 수석을 전해주면서 부와 행운을 가져다주는 것이라고 말한다. 기우는 다혜의 과외 교사를 하면서 동생 기정을 다혜의 동생 다송이의 미술교사로 소개한다. 기우 가족의 의기투합으로 박사장의 운전기사를 몰아내고 기택이 기사가 되고, 엄마 충숙은 가정부가 된다. 다송이가 기택과 충숙의 냄새를 번갈아 맡으면서 같은 냄새라고 말할 때 기택의 가족은 움츠러든다. 박 사장 가족이 다송이 생일파티 캠프를 떠난 날 밤에 저택의 거실에서 기택의 가족이 파티처럼 술과 음식을 먹는다.

비 오는 밤에 쫓겨 갔던 가정부가 찾아와서 저택의 비밀장소 지하실이 드러난다. 지하실에는 사업실패로 채무에 쫓기는 신용불량자 가정부의 남편 근세가 숨어 살고 있었다. 기택의 가족과 가정부 가족과의 갈등이 고조에 닿았을 때, 비 때문에 캠프가 취소되어 귀가하게 되었다는 다혜 엄마의 전화를 받는다. 충숙은 다혜 엄마가 요구한 한우가 들어간 짜빠구리 요리를 하고 기택은 지하실에 가정부 부부를 묶어 둔다. 박 사장 가족이 귀가하고 기택, 기우, 기정은 미처 집을 빠져나가지 못하고 다급하게 거실 탁자 밑에 숨는다.

밤새 비가 내리고 새벽에 잠든 박 사장 내외를 피해 장대비를 맞으며 높은 저택에서 육교 아래를 지나 반지하 집으로 왔을 때 집은 이미 물에 잠겨있었다. 수재민이 된 기택의 가족은 체육관에서 수재민들과 잠을 자고 구호 물품 더미에서 옷을 고르고 있다. 다혜 엄마가 다송이의 번개 생일파티를 준비하고 지인들을 초대한다. 명품이 가득한 드레스 룸에서 옷을 고르는 다혜 엄마, 구호물품 더미에서 옷을 고르는 기정의 모습은 서글픈 대조를 이룬다. 박 사장의 대화중에 기택을 "일 잘하고 행동이 선을 넘지는 않지만 냄새가 선을 넘지. 무말랭이 같은 냄새…"라고 말하는 소리를 탁자 아래서 숨어 듣고 기택은 미간을 찡그렸다. 어린 다송이가 냄새난다고 했을 때부터 버릇처럼 자신의 냄새를 맡는다. 냄새는 박 사장과 기택을 구분 짓고 있었다. 냄새는 가난한 자와 부자 사이에 선명하게 굵은 선을 긋고 있었다.

다송이의 깜짝 생일파티장에서 가장 비극적인 장면이 펼쳐진다. 지하실에 숨어있던 근세는 뇌진탕으로 숨진 부인의 죽음에 이성을 잃었다. 근세는 기우가 들고 있던 수석으로 기우 머리를 내리치고 파티가 열린 정원으로 나와서 기정을 칼로 찌른다. 충숙이 근세를 칼로 찌르고 기절한 기송이를 병원에 데려가기 위해 박 사장은 냄새 때문에 찡그린 얼굴로 코를 잡고 차 키를 줍는다. 순간 기택은 분노하여 칼을 박사장 가슴에 꽂는다.

기우가 병원에서 눈을 떴을 때 '전혀 의사 같지 않은 사람과 전혀 경찰 같지 않은 사람'을 보고 실없이 웃는다. 퇴원하여 사건의 기록을 찾아보고 아버지의 행방을 찾는다. 다혜네 집이 내려다보이는 산에서 지하실에 숨어 살고 있는 기택이 전등으로 보내는 모스부호를 해독한다. 기택이 사건 후 사람들을 피해 지하실에 숨어 살고 있다는 사실을 알고 기우는 돈을 벌어서 그 집을 사겠다는 계획을 세우면서 수석을 냇물에 둔다. 그 집으로 이사하면 엄마와 햇살이 좋은 정원에 있겠다고 한다. 아버지는 계단만 올라오면 된다고 독백하면서 영화는 끝난다.

영화가 시작되면서 처음 화면은 반지하 창가에 원형 모양의 빨래건조대 집게에 양말이 물려있다. 영화의 마지막에서 기우의 독백과 함께 시작할 때와 같이 빨래건조대에 양말이 걸려있는 모습이 오버랩된다. 햇살을 기다리는 것처럼 양말의 모습이 애절하다. 곰팡이 냄새나는 반지하 기택의 집과 대조를 이루는 박 사장의 저택은 거실에 커다란 창이 있다. 넓은 잔디 정원이 훤히 내다보이고 햇살을 욕심껏 들여놓을 수 있을 만큼 커다란 창이 있다. 박 사장 가족이 캠프를 떠났던 밤에 기우는 정원에서 하늘을 보고 있었다. 영화의 끝부분에서 기우는 정원에 햇살이 좋으니까 그곳에서 아버지를 기다리고 있겠다고 했다.

나는 『기생충』을 관람하고 바로 '햇살'에 주목하고 싶었다. 영화 전체에 비유적인 요소로 등장한 수석으로 감독은 관객에게 은유를 박아버렸다고 했다. 기우가 돈을 벌어서 저택을 살 계획을 세웠다고 했을 때 관객들은 가당찮은 꿈이라고 조소를 했다. 망상이라고 비하해버렸다. 어쩌면 흙수저는 결코 금수저가 될 수 없다고 쐐기를 박았는지 모르겠다. 죄를 짓고 지하에 숨어 사는 기택, 숙주에 기생해서 삶을 살아가는 기생충 같은 사람이라고 했다. 나는 영화에서 다루는 크고 무거운 주연 뒤에 스치듯 등장한 조연 '햇살'을 끌어안고 싶었다. 하늘에서 내리는 햇살은 가난한 자와 부자를 구분하지 않는다. 기우네 가족이 살고 있는 반지하에 곰팡이가 살고 무말랭이 같은 냄새, 행주 삶는 냄새가 나는 것도 햇살이 부재중이기 때문이다. 햇살이 머무는 곳에 거짓과 위선은 명백하게 드러날 것이다. 햇살 한 줌이 하는 말에 귀 기울여 본다. 사회에 대한 편견과 소득으로 생긴 계급, 최악으로 떨어지더라도 절대 잃어버리면 안 되는 인간으로서의 가치. 그것을 절대로, 결코 놓으면 안 된다고 말한다.

그러나 햇살이 전해주는 희망의 메시지가 거대한 바위에 부딪혀 산산이 흩어질까 두렵다.

5

박경리 『토지』

- 박경리 선생님께

선생님

저는 갑자기 닥친 위기를 껴안고 스스로 위로했습니다. 불행은 쌍으로 몰려와서 설상가상이 되었습니다. 전화위복! 그 언어를 끌어당기려고 몸부림쳤습니다. 저는 부르르 떠는 자신을 지탱할 수 있는 버팀목이 절실히 필요했습니다. 저는 원망과 미움을 쏟아 내고 살기 위하여 선생님과의 칩거를 선택했습니다. 거룩한 의식을 치르듯 꼼짝하지 않고 『土地』를 읽었습니다.

엄마를 데려오라고 울부짖는 서희를 낮은 목소리로 꾸짖는 할머니 윤 씨 부인. 서희는 방바닥에 엎어진 채 울음을 그치지 않앉다. 그렇게 무서워하던 할머니였는데도. 윤 씨는 연못 옆에 한 그루 서 있는 버들의 좀 굵은 가지를 골라서 꺾는다. 흰 저고리의 소매는 어둠 속에서 학이 날개를 편 것같이 보였다. 윤 씨는 천천히 걸음을 옮기어 신돌 위에 하얀 당혜를 벗어 놓고 방으로 올라간다. '끄치지 못하겠느냐?' 서희는 더욱 악을 쓰며 엎어진 채 두 다리를 버둥거리며 울부짖었다. 윤 씨 손의 회초리가 버둥거리는 서희 다리를 내리친다. 서희는 빨딱 몸을 일으켰다. 그는 윗목에 놓아둔 반짇고리에서 손에 잡히는 대로, 그것은 실꾸리였으나 실꾸리를 집어 팽개쳤다. 순간 윤 씨의 얼음장 같은 눈에 놀라움이 떠올랐다. 이윽고 윤 씨 입가에 경련 같은 미소가 번진다. '그년 고집도.' 윤 씨는 만족한 듯 뇌더니 방에서 나왔다.

'모조리 다 잡아가라지. 하지만 안될걸, 우리 집은 망하지 않아. 여긴 최 씨, 최참판댁이야. 홍가 것도, 조가 것도 아냐, 아니란 말이야. 만의 일이라도 그리된다면 봉순아, 땅이든 집이든 다 물속에 처넣어 버릴 테야. 알겠니? 난 그렇게 할 수 있어. 내 원한으로 불살라서 죽여 버릴 테야. 난 그렇게 할 수 있어. 찢어 죽이고, 말리어 죽일 테야. 내가 받은 수모를 하난들 잊을 줄 아느냐?' 어떻게 땅과 집을 물속에 처넣을 것인가. 치켜 올라간 눈썹, 뱅글뱅글 돌아가는 입매, 가위 작은 야차를 방불케 한다.

어린아이 서희를 통하여 선생님께서 펼쳐낸 26년간의 대장정은 거대한 문학 산맥을 이루셨습니다. 저는 당신 앞에 옷깃을 여미고 엎드립니다. 제 생각과 마음도 엎드립니다.

선생님

전형적인 농촌마을 평사리를 무대로 등장하는 인물들과 시간과 공간의 배경은 우리의 민족의 역사와 한(恨)을 거대한 용광로에 들이붓고 녹여냈습니다. 일제에 의한 국권이 상실되고 최참판댁은 조준구에 의해 재산이 탈취된 후 독립운동을 향한 염원은 일제의 손아귀를 벗어나기 위해 황무지 간도로 향하고 그 중심에 한 떨기 붉은 꽃과 같이 최서희가 있었습니다. 최 씨 일가를 중심으로 독립운동이 전개되고 서희는 가문의 복수를 준비합니다.

선생님

지리산으로 숨어 들어갔던 동학 잔당은 일제 침략에 대항하는 독립군이 됩니다. 저는 국가의 위기 때마다 나라를 구하려고 목숨을 아끼지 않았던 한 포기 풀과 다름없는 백성을 대하면서 가슴이 뜨겁게 달았습니다. 임진왜란 당시에 한양 거리에 엎드려서 임금이 도성을 사수하기를 애원했던 백성들의 충정을 생각했습니다. 임금과 대신들이 백성들의 울부짖는 애원을 뿌리치고 피난한 후 우리나라를 지켜낸 사람들은 고을마다 곡괭이를 들고 일어난 백성들이었습니다. 저는 지리산에서 굶주리고 헐벗은 사람들의 독립을 향한 거룩한 뜻 앞에서 몸가짐을 바르게 고쳐 가면서 탐독했습니다.

선생님

할머니 윤 씨 부인의 지혜, 아니 예견이라고 해야 합당한 표현이 되겠습니다. 깊은 밤 서희의 방으로 와서 서희에게 밖에서 망을 보게 한 후 문갑의 발을 떼어내고 한지로 싼 금괴를 받쳐두었습니다. "농발 대신 저기 막대기를 괴었느니라. 후일 너에게 어려움이 있을 때. 만일을 위해 마련해주는 게야. 아무에게도 말하지 마라. 그것을 쓰게 되고 못 쓰게 되는 것은 오직 신령의 뜻이 아니겠느냐?" 그 금괴가 조 씨에 의해 빼앗긴 최 씨 가문을 되찾는 위대한 마중물이 되었습니다. 서희가 간도 용정촌에서 대상大商이 될 수 있었고 그 힘으로 평사리의 땅과 최참판댁 집을 찾게 되었습니다. 참으로 억울한 것은 원래 최참댁의 것이었던 땅을 억울하게 빼앗겼고 주인인 서희는 거대한 돈을 주고 도로 샀습니다. 억울하다 말한다면 어찌 이것뿐이었겠습니까?

선생님

선생님께서는 『土地』에 인간의 역사의 배경과 현실에 궁극적

관심을 두는 것이 아니라 이 문제들을 초월하여 존재하는 인간 삶의 근원적인 면의 탐구라고 했습니다. 한恨은 특정한 사람에게만 있는 정서가 아니라 인간이 유한한 존재하는 근원적 모순에서 생겨난 것이라고 했습니다. 한恨은 인간의 유한성으로 인해 일어나는 슬픔이기도 하지만, 모순을 극복하려는 동기나 염원, 희구를 낳는다는 점에서 미래지향적 성격을 지닌다고 했습니다. 영원한 것은 추구하기 위해, 모순을 극복하기 위해 인간이 풀어야 할 과제라고 했습니다.

선생님

초반에 우관스님이 데리고 있던 길상이가 금어가 되어 관음보살상을 조성하기를 예시해 두셨습니다. 마지막에 이르러 길상으로 하여금 실제 관음 탱화를 완수하게 하신 뜻을 어찌 헤아려야 하겠습니까? 최참판댁의 종이 아니었으나 종으로서 지냈고, 적막강산같이 홀로 된 서희를 지켜주어야만 했던 길상, 간도에서도 서희를 지켜주고 서희가 대상이 될 수 있게 도왔던 유일한 버팀목 같은 사람이었습니다. 양반의 수모를 고스란히 받아안고 서희는 길상을 남편으로 맞이합니다. 서희가 최참판댁의 잃었던 땅과 집을 다시 찾겠다는 희망을 지켜보고 독립을 위해 몸을 던진 사내 길상. 서희가 두 아들을 안고 위풍당당 고국으로 귀국할 때 간도에 남아 독립운동을 하다가 수감자가 되어 고국으로 돌아오게 된 길상. 만고풍파를 온몸으로 받아 안고 견디게 한 후 비장한 각오로 길상이 그린 관음 탱화! 선생님, 제가 길상의 행적에서 받은 뜻은 한 사람에 대한 지극한 사랑, 국권을 상실한 국가를 위한 헌신, 꽃다운 청춘을 거룩하게 쏟아 낸 사람에게 거룩한 위업을 완수할 자격이 있었던 것이 아니겠습니까! 제가 받은 감동이 선생님의 뜻과 상통한다면 참 좋겠습니다.

선생님

유인실과 오가다의 이루어질 수 없는 사랑과 그들 사이에 태어난 아이 쇼지. 동학 잔당의 세력을 규합하여 독립운동을 벌이려다 수감되고 감옥에서 동지들을 지키려고 목을 매고 자살한 김환. 백정의 사위가 되어 신분을 한탄하면서 독립운동을 한 송관수. 월선과 용이의 한많고 영원한 사랑. 부모의 큰 죄를 한탄하고 부모의 악업 때문에 몸부림친 조준구의 아들 꼽추 병수. 일본의 힘을 등에 업고 부자가 된 김두만이 못생긴 본처를 버렸으나 시부모와 시동생과 조카들과 이웃 사람들에게 둘러싸여 떠받침을 받고 견고한 성이 된 막딸네. 최참판댁의 위력과 부 앞에 부끄러워하는 서희의 두 아들 환국과 윤국. 양반 이부사댁 상현과 기화 봉순이의 사랑과 그들 사이에 태어난 딸 양현 등. 선생님 이들의 파란만장한 한恨이 서린 삶은 모두가 사랑이 아니겠습니까! 저는 그들의 생에서 절절한 사랑을 찾아냈습니다.

선생님

『土地』는 한의 사상이 핵심을 이루고 있습니다. 그러나 선생님께서는 생명 사상을 형상화하셨습니다. 인물들의 사랑을 통해서 형상화 낸 것이 바로 생명 사상이었습니다. 한을 삭히고 사랑으로 승화해 낸 뜻이 바로 생명 사상이었습니다. 저는 작품 인물들을 자애의 마음에서 창조하신 뜻도 바로 생명 사상이라고 감히 여기고 있습니다. 극악무도한 김두수와 조준구, 험난한 인생 역정을 살아 낸 정석과 송관수, 강인한 생명력을 지닌 몽치와 모화. 그들에게 자애로운 마음으로 생명을 쏟아부은 큰 뜻을 헤아려봅니다.

선생님

인실이가 자신을 사랑하는 일본인 오가다를 밀어내면서 어찌할 수 없이 밤을 보낸 후 임신합니다. 인실은 생명보다 중요한 것을 주었고 더 이상은 줄 것이 없다고 합니다. 인실은 일본인의 아이는 우리나라에서 태어나게 할 수 없다고 일본으로 가서 아이를 낳아 버리고 조국에 헌신합니다. 조선 호랑이, 암호랑이. 당당하게 인생을 가득 끌어안고 군더더기 없이 죄와 벌의 자락을 끌고 가던 여자 인실. 오가다는 후일에 인실과 자신의 아이가 태어난 것을 알았고 전쟁이 끝나고 인실을 만날 수 있다면 인실과 아들을 끌고 북극으로 가서 산다고 말합니다. 저는 인실과 오가

다와 그들 사이에 태어난 아들 쇼지를 희망처럼 등장시킨 선생님의 뜻을 여쭙고 싶습니다. 그리고 제가 예감하고 있는 것을 말씀하실까 두려워집니다. 아니, 저는 그 뜻을 외면하고 싶습니다. 용서하소서!

선생님

저는 『土地』16권을 읽으면서 주변을 정돈하고 몸가짐을 바르게 하고 의식을 치르듯 했습니다. 생각도 마음도 가지런히 하고 일어나서 읽고, 식사하고 읽고, 자고 읽고, 먹고 읽고, 또 읽고 읽었습니다. 저는 몸부림쳐야 할 무엇인가가 절실했습니다. 선생님과 칩거하고 土地를 안고 뒹굴었던 두 달 동안 살고 있음에 감사했습니다. 누군가를 미워하고 원망하는 것이 티끌만큼도 가치가 없다는 것을 깨달았습니다. 모두 훌훌 털어 버렸습니다. 제가 그토록 고대하던 언어, 전화위복! 선생님과의 동행이 선물처럼 주어졌었습니다. 선생님과 『土地』가 제게 전화위복이 되었습니다. 선생님, 고맙습니다.

6
김구부 『이게 나라냐』

문학 행사 때 먼발치로 한번 뵈었을 뿐, 기억조차 할 수 없는 인연일진대, 책을 보내주셨다. "근사한 친구가 되도록 노력하겠다."라는 황송한 말씀을 들었다. 친구라는 말을 곱씹으면서 지내다가 책을 읽으면서 선생님께서 말씀하신 친구가 얼마나 의미 깊은지 알게 되었다. 감읍할 일이다!

서문에 칼의 광기와 꽃의 감성, 그가 지향하고 있는 과거의 현재화를 통한 현재의 미래화 작업. 독자들은 그의 거짓말 같은 진실에 속아 주기를 바란다고 밝히고 있었다. 하여 독자는 단단히 벼르고 속기를 작정하고 책장을 펼친다.

서울 여자 조선 여자를 읽으면서 적어도 500년의 시공간을 초월하게 하는 작가의 필력에 휘둘리고 말았다. 미투와 계색戒 色을 논하는 작가는 잔잔하게 담론에 참여하게 하였다. 미투에 얼굴 찌푸리지 않고 계색에 부정적인 편견을 배제하게 했다. 여자의 삶은 딸이 되고 누구의 아내가 되어 어머니가 되는 순서로의 길을 가는 여정이다. 신을 대신하여 어머니를 창조하였다는 헌시로도 어머니의 모든 것을 담기에 부족함이 있을 것이라는 작가의 글을 대하면서 위대한 여성에 대하여 은근한 자부심이 치솟았다.

퇴계와 두항의 사랑은 신분의 귀천, 연령 등의 높은 담을 뛰어넘던 애절한 사랑도 이별 이후에는 아무도 대신할 수 없는 누구도 대신이 되지 않는 아픔으로 다가온다. 유희경과 매창의 사랑 장에서는 스물여덟의 나이 차이는 아무런 장애가 되지 않았다. 그들 사이에는 詩라는 공통의 언어가 있어 당장 사랑에 빠져든 것이었다. 매창과 오랫동안 우정을 나눈 허균이 매창을 순수한 시우로 대했다는 것은 그녀를 여자로, 혹은 기생으로 보지 않고 마음의 친구로 격상시켰다는 뜻이었다는 것을 작가는 잔잔하게 들려주고 있었다.

막말 기행에서 말은 칼이라고 한다. 말은 사람을 바꾸고 삶을 바꾸고 세상을 바꾸는 힘이 되어 문화와 문명을 쌓아 올린 뼈대가 된다. 그러나 사람의 생각이 감정에 실려 나온 말 가운데는 날카로운 칼이 되어 상대에게 깊은 상처를 입히거나 봄바람과 같은 부드러움으로 주위를 환하게 밝혀주는 말들이 있다고 한다. 사람과의 모든 관계는 말로 시작한다. 부정적인 감정에 얹힌 말은 자신에게 되돌아와 상처를·입히고 그렇게 척박한 마음 구석에 옹이로 자란 언어들은 적의를 부른다고 한다. 천 배 만 배 공감이다. 독자는 언젠가 〈말과 글은 품격品格이다!〉라는 졸작 칼럼을 쓴 바 있다. 작가의 글과 의미가 일맥상통하는 부분에서 염화의 미소를 지었다.

국가 멸망의 조건에서 존재하는 것은 존재할 수 있는 조건에 의해서 존재하고 또 조건에 따라 소멸한다. 이 생성과 소멸의 법칙은 흥하면 망하고 성하면 쇠한다는 흥망성쇠로 요약되는데, 망과 쇠가 바로 우리 앞의 현실이 되어 긴장감을 불러일으키고 있다.

꽃을 피워 열매를 맺는 지구 전체의 식물 가운데 4분의 3은 꿀벌들의 가루받이 활동으로 열매를 맺고 있다. 그중 1백여 종의 열매가 인간의 먹거리인데, 꿀벌들이 무더기로 가출하여 돌아오지 않는다고 한다. "꿀벌이 사라지고 난 4년 후에는 인류가 멸망한다."라고 한 아인슈타인의 경고를 읽고 아연했다.

　소리의 품격을 詩로 나타낸 조선 전기 명종, 선조 때의 문장가 다섯의 詩論은 감탄하여 입을 다물지 못하게 했다. 감동을 옮겨 본다.
　　정철 – "맑은 밤 밝은 달빛이 누각을 비추는데 달빛을 가리고 지나가는 구름 소리"
　　심회수 – "붉은 단풍이 가득한 먼 산의 동굴 앞을 스쳐 부는 바람 소리"
　　유성룡 – "새벽 창 너머 잠결에 들려오는 아내의 술 거르는 소리야말로 소리 중에 으뜸이 아닐 수 없다."
　　이정구 – "산골 마을 초당에서 들려오는 도령의 글 읽는 소리"
　　이항복 – "깊숙한 골방 그윽한 밤에 여인의 옷 벗는 소리"

　왕이 되려는 자는 왕관의 무게를 견딜 수 있어야 한다. 이 말은 그 무게를 감당할 자신이 없으면 왕 꿈은 꿀 생각을 하지 말라는 뜻인데, 왕관의 무게는 꿈을 이룰 수 있는 능력의 무게여야 하며 그 능력은 백성들을 위해 발휘되는 능력이어야 하기 때문이다. 단지 고려시대 조선시대의 왕을 지칭하는 말이겠는가. 이 시대 위정자들이 새겨들어야 한다고 통감한다.

죽음과 마주한 백성들의 입에서는 조선 땅에서 태어난 게 죄라거나 혹은 '이게 나라냐'며 하늘을 원망하고 죽을 수밖에 없었을 테지만, 그러함에도 오늘의 대한민국으로 면면히 내려오고 있다는 것은 우리 민족의 위대성을 말해주는 눈물투성이의 극복투혼이 있었기 때문일 것이다. 작가의 촌철살인이 여기 있었다.

우리가 결코 자유로울 수 없는 재물에 대해서 "재물은 분노와 같아서 모아 두면 악취가 나고 사방에 뿌리면 거름이 된다."라고 한다. 경주 최부자 가문의 조직적이고 체계적인 구휼 사업이 특정인에 의한 일정 기간 동안의 선행이 아니라 3백 년을 일관되게 관통하고 있는, 전무후무한 나눔과 베풂 정신의 시현이었다는 것을 작가를 통해 뒤늦게 알았다. 또한 독립운동, 교육 사업을 통하여 모든 재산을 사회에 환원하는 것으로 가문의 대미를 장식했다는 결론에 깊이 머리를 숙인다.

사람은 무엇으로 사는가. 청렴했던 유관의 외손자 이수광이 임진왜란 때 불타 버린 외고조의 집터에 다시 집을 짓고 당호를 '겨우 비를 가린다'라는 뜻의 '비우당'으로 하고 선대의 청렴 정신 실천하고 이 비우당에서 이수광은 조선 최초의 백과사전이랄 수 있는 『지봉유설』을 저술한다.

김학성의 어머니는 지아비를 잃고 홀로 아들들을 키우면서 마당에서 금덩이가 든 솥을 발견하고 잠시 유혹에 흔들렸으나 금덩이를 도로 땅에 묻고 이사 간다. 후에 "재財는 재災인데 무고하게 큰 재물을 얻으면 반드시 재앙이 있는 법이다. 그리고 사람이 태어나서 궁핍한 것이 있는 줄 알아야 하는데 안일함에 습성이 들면 공부에 힘쓰지 않고, 어렵게 지내지 않으면 재물을 버는 것이 쉽지 않다는 것을 어떻게 알겠는가? 그래서 집을 옮겼다."라고 말한다. 자식의 교육을 위해서 세 번을 이사했다는 맹자 어머니의 맹모삼천지교의 조선판이었다는 작가의 말이 신선하여 메모했다. 독자가 표현을 옮겨 적으면 표절시비에 거론되려나?

돈과 권력은 적수가 아니라 그들은 언제나 우호적인 관계의 짝수 쪽에 머물고 있다고 경고한다. 청빈하다는 것은 재물을 취득할 수 있는 여건이라든가 기회가 있음에도 여기에 집착하지 않는다는 것이다. 춥고 배고프더라도 이를 견디는 자세, 아무리 어렵고 불편하더라도 정당하지 않거나 지키고자 하는 신념에 어긋나는 재물에 대해서는 거들떠보지 않는 초연한 마음가짐이 청빈 사상이다.

재물은 취득하는 방법도 정당해야 하지만 그 재물을 어떻게 쓰느냐에 따라 그의 인격과 그가 갖고 있는 재물의 가치는 달라진다. 재물이 행복으로 가는 첩경이고 소원 성취의 수단이라고 하지만 재물에는 언제나 욕망이 기생하고 있어 여기에 방심할 경우 자칫 자신을 겨누는 칼날이 될 수 있다는 것이다. 돈 전錢 자에 창戈이 두 개가 버티고 있는 것도 바로 이와 무관하지 않은 것이다. 황금만능주의의 노예가 된 이 시대 우리를 각성하게 하는 무게다.

덕성은 양보, 배려, 베풂, 겸손 등의 총칭이다. 덕성은 공익을 우선하고 사람 사이를 부드럽게 한다. 지성은 저울질하고 살피는 일에 밝다. 또 자신을 강하게 노출시킴으로써 자칫 오만으로 갈 수 있는 요소가 다분하다. 따라서 지성은 선악과 이익을 구분 짓지만 덕성은 그 행위 자체가 선의 추구이다. 오호라! 종국에는 사람이다. 어떤 사람이냐가 중요하다.

작가는 문화 엿보기를 통하여 독자를 끌어들이고 담백하게 지향해야 할 미덕들을 들려준다. 작가의 말에 고개를 주억거리면서 동조하다가 결론에 다다랐다. 독자는 비로소 긴 담론을 통하여 전해주고 싶었던 말을 알아차린다.

조선의 멸망은 우리에게 타산지석이다. 우리가 어느 날 마주친 비극은 우리가 소홀히 보낸 바로 오늘의 시간에 대한 보복이라는 말을 늦게나마 믿어야 할 때라고 한다. 긴장과 불안의 지뢰밭에서 전전긍긍하고 있는 자들에게 던지는 따끔한 죽비 소리다.

사적 가치인 효의 개념을 확대하면 공적 윤리인 충에 도달한다는 충효 사상은 조선 사회를 떠받치는 절대 가치였고 인륜의 중심 덕목이었다. 충신은 효자 가문에서 나온다고 한다. 사람이 사람다울 수 있는 근본은 효와 충이라는 귀결에 이른다.

전통과 현대의 조화를 통해 새로운 가치를 정립해 나가는 일은 이상 사회 건설을 위한 필수적 요소다. 변화가 진보라 믿는 사람들은 실용을 앞세워 전통적 가치들을 구태라 하여 거추장스러워한다. 이 시대 우리가 귀담아들어야 한다고 말하고 싶다.

선생님, 책을 읽고 감상을 적는다. 노트에 적어 둔 내용은 더 많지만, 그것마저도 간추려서 적어 본다. 선생님께서 바라시는 깊은 뜻을 조금은 깨우친 것 같지만 한없이 부족함을 알기에 겸손하게 엎드린다. 감히 느낌을 올린다. 다산 선생의 『목민심서』를 자녀들에게 강권한다. 국가의 녹봉祿俸을 받는 처지에 선 자녀에게 부랴부랴 챙겨줄 말을 다산 선생에게서 얻었다.

7
이어령 『이어령의 마지막 수업』

그는 필연적으로 생명이 넘치는 인간이었으나 죽음과도 불화하지 않았다. 그렇게 이어령이라는 말馬이 이어령이 하는 말語이 생사의 최전선을 달려주어 고맙다.

죽음이 무엇인지 알게 되면 삶이 무엇인지 알게 된다. 메멘토 모리, 죽음을 기억하라!

이 유리컵을 사람의 몸이라고 가정해보게나. 컵은 무언가를 담기 위해 존재하지? 그러니 원칙적으로는 비어 있어야겠지. 빈 컵이 아니면 제 구실을 못할 테니. 비어 있는 것. 그게 void라네.

그런데 비어 있으면 그 뚫린 바깥 면이 어디까지 이어지겠나? 끝도 없어. 우주까지 닿아. 그게 영혼이라네. 그릇이라는 물질은 비어 있고, 빈 채로 우주에 닿은 것이 영혼이야.

윤동주의 시 『별 헤는 밤』과 고흐의 그림 『별이 빛나는 밤에』. 그들의 눈은 비어 있음으로 무엇을 본 걸까. 과학적으로 설명해주겠네. 태초에 빅뱅이 있었어. 물질과 반물질이 있었지. 이것들이 합치면 빛이야. 엄청난 에너지지. 그런데 반물질보다 물질이 더 많으면? 빛이 되다만 물질의 찌꺼기가 있을 것 아닌가. 그게 바로 우리야. 자네와 나지. 이 책상이고 안경이지. 이건 과학이네. 상상력이 아니야. 우리는 빛이 되지 못한 물질의 찌꺼기, 그 몸을 가지고 사는 거라네. 그런 우리가 반물질을 만나면 어떻게 될까? 빛이 되는 거야.

아니라네. 난 매번 KO패 당했어. 그래서 또 쓴 거지. 완벽해서 이거면 다 됐다, 싶었으면 더 못 썼을 거야. 『갈매기의 꿈』을 쓴 리처드 바크는 갈매기 조나단의 생애를 쓰고 자기 타자기를 바닷속에 던져 넣었다잖나. 그걸로 다 썼다는 거지. 난 그러지 못했네. 내가 계속 쓰는 건 계속 실패했기 때문이야. 정말 마음에 드는 기막힌 작품을 썼다면, 머리 싸매고 다시 책상 앞에 앉았을까 싶어.

나는 도덕적이고 이타적인 사람이 아니야. 오히려 에고이스트지. 에고이스트가 아니면 글을 못 써. 글 쓰는 자는 모두 자기 얘기를 하고 싶어 쓰는 거야. 자기 생각에 열을 내는 거지. 어쩌면 독재자하고 비슷해. 지독하게 에고를 견지하는 이유는, 그래야만 만인의 글이 되기 때문이라네. 남을 위해 에고이스트로 사는 거지.

사건이 있었어. 트리노 광장에서. 우체국으로 편지 부치러 가다가 늙은 말이 채찍질을 당하는 걸 본 거야. 무거운 짐을 지고 끌고 가려는데 길이 미끄러우니 계속 미끄러지지. 마부에게 채찍질을 당하는 늙은 말을 보고, 니체가 달려가서 말목을 끌어안고 울었다네. 자기가 대신 맞으면서 '때리지 마. 때리지 마' 하고 울다가 미쳤지. 그게 그 유명한 『트리노의 말』이지. 그게 바로 니체에게 다가온 신의 콜링이라네.

언젠가 바이오학술대회가 열려서 복제 양 돌리를 만든 이언 윌머트 박사가 왔었지. 내로라 하는 국내 과학기술 관료들이 다 모였는데, 정작 메인 스피치는 과학자가 아닌 날더러 하라더군. 자율 자동차나 AI 관련 국제 행사를 해도 글로벌 지식인들 앞에서는 날더러 기조 강연을 하라고들 해. 왜 그럴까? 무슨 말을 해도 내가 하면 인문학적 접근이 되기 때문이지. 과학자 앞에서 당당하게 얘기할 수 있는 자는 인문학자와 예술가들이야.

나는 꺼내지 않고는 못 배기는 사람이었지. 그런데 상상해보게. 열 명이 있으면 열 명, 백 명이 있으면 백 명, 1억 명이 있으면 1억 명의 각각 다른 생각이 있는 거야. 그게 정상이라네. 무엇이든 만장일치라면 그건 한 명과 다름없네. 국회의원 백 명이든 2백 명이든 만장일치로 결의하면 국회의원은 한 사람이야. 안 그런가? 투표 결과에 만장일치가 많다면 그건 민주주의가 아니야. 그러면 왜 민주주의를 하나? 왕이 다스리고 신이 통치하면 되는 거지. 민주주의의 평등은 생각하곤 말하는 자의 개별성을 인정하는 거라네. 그 사람만의 생각, 그 사람만의 말은 그 사람만의 얼굴이고 지문이야. 용기를 내서 의문을 제기해야 하네. 간곡히 당부하네만, 그대에게 오는 모든 지식을 만장일치로 통과시키지 말게나.

재미있지. 배꼽을 만져보게. 몸의 중심에 있어. 그런데 비어 있는 중심이거든. 배꼽은 내가 타인의 몸과 연결되어 있었다는 유일한 증거물이지. 지금은 막혀 있지만 과거엔 뚫려 있었지 않나. 타인의 몸과 내가 하나였다는 것, 이 거대한 우주에서 같은 튜브를 탁 있었다는 것. 배꼽은 그 진실의 흔적이라네.

스승이 죽기 전에 가르치던 제자 세 명에게 유언을 남겨. 나에게 낙타가 몇 마리 있는데 너희들에게 물려주마.

첫째 제자, 너는 수제자이니까 1/2을 가져라.

둘째는 열심히 했으니까 1/3을 가져라.

막내는 들어온 지 얼마 되지 않으니 1/9을 가져라.

그런데 스승이 떠나고 보니 낙타가 열일곱 마리야. 아무리 해도 유언대로 나눌 수가 없는 거야. 열일곱을 어떻게 나눠. 이때 지나가던 사람이 참견을 해.

여보시오. 내가 낙타 한 마리를 줄 테니 나눠보시오.

그랬더니 열여덟 마리가 돼서, 첫째 제자는 1/2인 아홉 마리, 둘째 제자는 1/3인 여섯 마리, 막내는 1/9인 두 마리를 나눌 수 있었다네. 아홉 마리, 여섯 마리, 두 마리, 셋이서 열일곱 마리를 공평히 나눠 가진 후 나머지 한 마리는 행인이 다시 돌려받아 갔어. 어떤가?

나는 누에고치고 뽕이니, 나에게서 비단 실을 뽑아내라.

영국 철학자 프랜시스 베이컨이 그랬지. 인간은 세 가지 부류가 있다네. 개미처럼 땅만 보고 달리는 부류, 거미처럼 시스템을 만들어놓고 사는 부류, 개미 부류는 땅만 보고 가면서 눈앞의 먹이를 주워먹는 현실적인 사람들이야. 거미 부류는 허공에 거미

줄을 치고 재수 없는 놈이 걸려들기를 기다리지. 뜬구름 잡고 추상적인 이야기를 하는 학자들이 대표적이야. 마지막이 꿀벌이네. 개미는 있는 것 먹고, 거미는 얻어걸린 것 먹지만, 꿀벌은 화분으로 꽃가루를 옮기고 스스로의 힘으로 꿀을 만들어. 개미와 거미는 있는 걸 'gathering' 하지만, 벌은 화분을 'transfer' 하는 거야. 그게 창조야.

여기저기 비정형으로 날아다니며 매일매일 꿀을 따는 벌! 꿀벌에 문학의 메타포가 있어. 작가는 벌처럼 현실의 먹이를 찾아다니는 사람이야. 발 뻗는 순간 그게 꽃가루인 줄 아는 게 꿀벌이고 곧 작가라네.

'메멘토 모리' 죽음을 기억하라.

난 여섯 살 때부터 죽음을 느꼈어. 새삼스럽지 않아. 시에도 썼잖나. 여섯 살 때 일이야. 애들은 개구리 잡으러 가고 참새 잡으러 가는데 나는 혼자서 대낮에 굴렁쇠를 굴리며 놀았다네. 보리밭 오솔길에서 굴렁쇠를 굴리다가 나도 모르게 눈물을 흘렸어. 여섯 살짜리 아이가 죽음을 느낀 거야. 그늘까지 다 사라진 정오였네. 한낮이 되면 그림자가 싹 사라지잖아.

존재의 정상이잖아. 뭐든지 절정은 슬픈 거야. 프랑스 시인 스테판 말라르메의 시에도 그런 구절이 있어. 분수는 하늘로 올라가 꿈틀거리다, 정상에서 쏟아져 내린다…. 상승이자 하락인 그 꼭짓점. 그 절정이 정오였어. 정오가 그런 거야. 시인 이상의 『날개』에도 정오의 사이렌이 울려. 그 순간 주인공이 '날개야 다시 돋아라, 날자꾸나'라고 속삭이지

  늙으면 한 방울 이상의 눈물을 흘릴 수 없다네. 노인은 점점 가벼워져서 많은 것을 담을 수 없어. 눈물도 한 방울이고, 분노도 성냥불 획 긋든 한 번이야. 그게 늙은이의 슬픔이고 늙은이의 분노야. 엉엉 소리 내 울고 피눈물을 흘리는 것도 행복이라네. 늙은이는 기막힌 비극 앞에서도 딱 눈물 한 방울이야.

  남자들만 느낄 수 있는 고독의 신호가 있다네. 파이브 어 클락 섀도(five o'clock shadow)라고 들어 봤나? 샐러리맨들이 오후 다섯 시가 되면, 깨끗했던 턱밑이 파래져. 퇴근 무렵, 면도 자국에서 수염이 자라 그림자가 생기네. 그게 오후 다섯 시의 그림자야. 매일 쳇바퀴 돌 듯 회사에 나와 하루를 보내다, 문득 정신 차리면 오후 다섯 시. 수염 자국 그림자가 얼굴에 드리워지면 우수가 차오른다네.

제비가 새끼 제비 입에 먹이를 넣어줄 때, 어떻게 먹은 놈, 안 먹은 놈을 구별해서 주느냐. 우리 집 처마 밑의 제비집을 보면 새끼들이 다 똑같이 입을 쫙쫙 벌리는데, 어미는 무슨 기준으로 새끼들에게 벌레를 나눠주는가. 나는 그게 정말로 궁금했다네. 40년 동안 풀지 못한 수수께끼였지. 그런데 40년 후에 우연히 신문의 과학 칼럼을 보고 그 의문이 풀렸어. 새들을 관찰해보니, 안 먹은 놈, 배고픈 놈이 가장 입을 크게 벌린다는 거야. 어미는 입 크기를 보고 배식 순서를 안다는 거지. 제비뿐만 아니라 모든 새가 다 그렇대. 아! 40년 만에 무릎을 쳤어. 환희지! 그 앎의 기쁨을 선생님이 가르쳐주지 않았네. 학교가 가르쳐주지 않았어.

글을 쓰는 사람들, 한 치 더 깊게 생각하는 사람은 고통을 겪게 돼있어. 요즘엔 더하지 않나? 생각이 자랄 틈을 안 주잖아. 인터넷에 물어보면 다 나와. 이름 몰라도 사진 찍어서 올리면 다 나와. 그럼에도 불구하고 나는 여전히 내 머리로 생각한다네. 모르는 시간을 음미하는 거야.

알렉산더가 통 속에 사는 거지 철학자 디오게네스를 찾아갔을 때 일화도 인간의 착각과 어리석음은 끝이 없다는 그 예야. 대제국을 건설한 알렉산더가 조그만 통 속에 들어앉아 햇빛을 쬐는 디오게네스에게 그랬어.

'나는 정복자니, 왕국의 일부를 너에게 줄 수 있다. 소원을 말해보라.'

'비키시오. 당신을 햇빛을 가리고 있으니 비켜주시오.'

디오게네스는 알고 있었어. 알렉산더가 지배한 건 법계의 세계였다네.

'왕국은 네가 지배하지만 햇빛은 지배하지 못해. 왕국은 네 것이라도 태양은 자연의 것이다. 그러니 비켜, 나 지금 햇빛 쬐고 있는 거야. 네 권력 쬐고 있는 거 아냐. 난 이 통 속에서 살아. 네 왕국이 아니라.'

뜬소문에 속지 않는 연습을 하게나. 있지도 않은 것으로 만들어진 풍문의 세계에 속지 말라고. 스스로에게 묻고 또 물어 진실에 가까운 것을 찾으려고 노력해야 하네. 그게 싱킹맨(Thinking man)이야. 어린아이처럼 세상을 보고 어린아이처럼 사고해야 하네.

둥글둥글, '누이 좋고 매부 좋고'의 세계에선 관습에 의한 움직임은 있지만, 적어도 자기가 가고 싶은 곳으로 가는 자가발전의 동력은 얻을 수 없어. 타성에 의한 움직임은 언젠가는 멈출 수밖에 없다고. 작더라도 바람개비처럼 자기가 움직일 수 있는 자기만의 동력을 가지도록 하게.

작가나 예술가는 특별한 사람이 아니야. 도덕가나 지식가가 아니라네. 감추고 싶은 인간의 욕망, 속마음을 광장으로 끌어내 노출시키는 사람들이지. 거울로 비춰주는 거야. 보통 사람은 비참한 자기 얼굴을 안 보이려고 해. 흐린 거울이나 깨진 거울을 보지. 직면할 용기가 없으니까. 예술가만이 일그러진 자기 얼굴을 똑바로 봐. 왜 주사 맞을 때 고개 안 돌리고 똑바로 쳐다보는 사람 있지? 독한 사람이잖아. 바늘 들어가는 거 보는 사람. 심지어 그 장면과 느낌을 묘사하는 사람… 그런 사람이 예술가가 돼. 지독한 인간들이지.

무리 속에 숨어서 안전하게 살고 싶은 생각이 한 번도 없었던 이어령. 보들레르도 그랬잖아. '주여, 내가 저들과 똑같은 숫자의 하나가 아니라는 것을 증명하기 위해서 아름다운 시 한 줄을 쓰게 하소서. 아름다운 오만!

인간이면 언어를 가졌고, 이름을 가졌고, 지문을 가졌어. 그게 바로 only one이야. 무리 중의 '그놈이 그놈'이 아니라 유일한 한 놈이라는 거지.

앞으로 점점 더 interface 접속장치가 중요해. 이 컵을 보게. 컵은 컵이고 나는 나지. 달라. 서로 타자야. 그런데 이 컵에 손잡이가 생겨봐. 관계가 생기잖아. 손잡이가 뭔가? 잡으라고 있는 거잖아. 손 내미는 거지. 그러면 손잡이는 컵의 것일까? 나의 것일까?

'손잡이 달린 인간으로 사느냐. 손잡이 없는 인간으로 사느냐.' 그게 중요한 차이를 만들어 그런데 또 한 편 컵에 손잡이가 아니라 자기 이름이 쓰여 있다고 생각해봐. 갑작스럽게 내 것이 되잖아. 같은 사물인데도 달라지는 거야. 유일해지는 거지. 이런 생활 속의 생각이 시가 되고 에세이가 되고 소설이 되고 철학이 되는 거라네.

시인이 따로 있고 철학하는 사람이 따로 있다고 생각하지만, 일상에서 우리는 이미 다 시인이고 철학자라고 스승은 목소리를 높였다. 밥숟가락으로 밥을 먹듯, 언어를 사용하는 누구나 할 수 있는 것이 예술이고 철학이라고. 내면의 빛은 그렇게 반짝거리지 않아. 거꾸로 빛을 감추고 있지. 스토리텔링에는 광택이 없다네. 하지만 그 자체가 고유한 금광이지.

나는 사람들이 책 읽는 이유가 두 가지라고 생각하네. 내가 모르는 걸 발견하려고 하는 사람이 있고, 내가 아는 걸 확인하려고 읽는 사람이 있어.

앙드레 지드가 서른여덟 살에 쓴 단편이 『탕자, 돌아오다』라네. 그걸 읽으며 나는 눈물을 흘렸어. 집 나갔다 돌아온 아들이 아버지에게 차마 못 한 말을 어머니에게 고백하지. '나는 아버지가 잡아주는 기름진 양보다 가시밭길 헤매다 굶주림 속에 따먹은 썩은 아가베 열매가 더 달았어요.'라고.

강화도에 화문석이 유명하잖아. 꽃 화자에 무늬 문자를 써 화문석이거든. 그런데 나는 무늬가 있는 것보다 없는 게 더 좋아서, 그걸 달라고 했지. 그런데 그 무문석이 더 비싸다는 거야. 그래서 따졌네.
'여보시오. 어째서 손도 덜 가고 단순한 이 무문석이 더 비쌉니까?'
'모르는 소리 마세요. 화문석은 무늬를 넣으니 짜는 재미가 있지요. 무문석은 민짜라 짜는 사람이 지루해서 훨씬 힘듭니다.'

성실한 노예의 딜레마
착한 노예가 있었어. 시키는 대로 하면 되니 이 노예는 행복했네.
하루 지나면 해 뜨고 밥 먹고 열심히 일하고. 생각할 필요가 없으니

'세상에 이렇게 편한 삶이 다 있나' 좋아했지.

주인의 명령에 따라 감자 씨를 뿌리고, 거두고, 쌓았어. 어느 날 주인이 말했네.

'큰 감자는 오른쪽 구덩이에 넣고 작은 감자는 왼쪽 구덩이에 넣어라.'

그 노예는 해가 떨어지도록 들에서 돌아오지 못했네.

엉엉 울고 있었어. 주인이 물었겠지.

'성실한 네가 왜 이런 쉬운 일을 못 하고 울고 있느냐.'

'주인님, 감자를 잡을 때마다 이걸 큰 감자로 넣을지 작은 감자로 넣을지, 도무지 판단할 수가 없습니다. 너무 힘이 들어요. 앞으로 저에게 이런 일은 시키지 마세요.'

지혜를 갖는다는 게 얼마나 슬픈가 말이야. 다른 생명체는 죽어도 자기 죽음이 갖는 의미를 몰라. 신은 안 죽지. 그런데 인간은 죽는 것의 의미를 아는 동물이야. 신과 동물이 함께 있으니, 비극이지. 지혜가 있으면 죽지 말아야지. 지혜가 없으면 죽음을 모르니 그냥 살아. 그냥 살면 무슨 슬픔이 있고 기쁨이 있겠어?

신과 생물의 중간자로 인간이 있기에 인간은 슬픈 존재고 교만한 존재지. 양극을 안고 있기에 모순을 안고 살아갈 수밖에 없어.

첫 번째는 피의 교환이라네. 그게 사랑이고 섹스지. 사랑은 생식이라는 목적을 벗어나지 않아. 교환가치가 없다면 인종은 멸종되겠지. 그다음은 언어 교환, 돈의 교환이라네. 돈의 교환을 통해 생산과 소비 시장이 만들어지는 거지. 세상이 복잡해 보여도 피, 언어, 돈 이 세 가지가 교환 기축을 이루며 돌아가고 있어. 피의 교환과 돈의 교환은 경계가 다른 건데, 돈의 교환으로 피의 교환을 하고 언어의 교환을 하려 들면 비극이 생겨. 3대 교환은 서로 제 갈 길이 있는 거야. 황금의 길, 피의 길, 언어의 길.

로열패밀리들, 재벌가들은 피와 돈을 섞어 더 큰 부를 만들지. 그래서 불행해지는 거야. 돈은 돈의 교환을 해야지. 피의 교환을 하면 안 되는 거거든. 자기는 첫사랑하고 결혼하고 싶은데, 부모는 부잣집에 시집보내려고 하잖아. 황금은 황금의 길, 피는 피의 길, 언어는 언어의 길, 제 각자의 길을 열어줘야 하네.

'디지털, 아날로그' 뱀 한 마리가 있다고 하자. 어디부터가 꼬리인가? 뱀은 전체가 꼬리야. 연속체지. 그게 아날로그일세. 디지털은 도마뱀이야. 도마뱀은 꼬리를 끊고 도망가. 정확히 꼬리의 경계가 있어. 셀 수 있게 분할이 되어 있으면 그게 디지털이야. 아날로그는 연속된 흐름, 파장이야. 반면 디지털은 계량화된 수치. 입자라네. 이 우주는 디지털과 아날로그, 그 입자와 파장으로 구성돼 있어. 산동네 위의 집이라도 올라가는 방법이 다르지. 언덕으로 올라가면 동선이 죽 이어져서 흐르니 그건 아날로그야. 계단으로 올라가면 정확한 계단의 숫자가 나오니 그건 디지털이네. 만약 언덕과 계단이 동시에 있다면 그게 디지로그야.

내가 외국 갔을 때 국제전화로 아들에게 갖고 싶은 게 무냐고 물었어. 동네 애들하고 야구를 하는데 좋은 글러브 하나 있으면 좋겠다더군. 잠깐 짬이 나서 가게에 뛰어들어가 '제일 비싼 글러브로 주시오' 해서 사다 줬어. 야구도 모르고 상표도 모르니 가장 비싼 걸로 달라고 한 거야. 아들이 너무 좋아했지. 그런데 노는 걸 보니까 행동이 좀 이상해. 어느 날 아내에게 '애가 좋아해?' 했더니 그 말을 하는 거야. '여보, 그거 왼손잡이용이야. 아버지가 미안해할까 봐 말도 못 하고, 보면 얼른 바꿔 끼고 그랬어요.'

별들의 오해. 우리는 몇십만 광년 걸려 지구에 도달한 별빛을 보고 있지만, 이미 그 별은 사라진 별일 거라고. 너와 나 사이에 있는 사랑, 믿음, 미움… 그 마음을 내가 느꼈을 법한 순간에 이미 네 마음은 그보다 먼 데 가버리고 없는지도 모른다고. 너와 나라는 별은, 이미 마음이 지나간 길, 식어버린 빛 그림자를 바라보고 있을지도 모른다고.

8
재러드 다이아몬드 『총·균·쇠』

『총·균·쇠』를 소유하기까지 여러 번 엇갈렸다. 주로 인터넷 서점을 이용하여 도서를 구매하는데 베스트셀러였기 때문에 사이트에 들어갔을 때 한눈에 들어온 적이 많았다. 선택해서 장바구니에 담아두고 잊고 지낸 적이 수차례였다. 언젠가는 S대 도서대출 1위라는 화려한 수식어를 보고 매혹된 적도 있었다. 바쁜 일상에서 다음 기회에 읽겠다고 미루면서 스스로에게 예약해 두었었다. 우연히 TV에서 저자 재러드 다이아몬드를 만났다. 82세의 학자의 눈에 촉촉하게 눈물이 고이는 모습을 본 후 읽을 때가 왔음을 직감했다. 그렇게 한 권의 책을 품에 안기까지 수년을 보냈다. 하여 운명적인 만남이라 명명할 수밖에 없겠다.

저자는 인류의 발전은 어째서 각 대륙에서 다른 속도로 진행되었을까? 하고 의문을 던지고 친절하게 안내하고 있었다. 저자가 직접 미국의 도시와 뉴기니의 촌락에서 각각 살아본 느낌으로 문명의 축복이라는 것이 장단점이 뒤섞여 있다는 것을 체험적으로 알게 되었음을 밝힌다. 저자가 인류 사회의 지리적 차이점을 연구하는 이유는 어느 한 형태를 다른 것들보다 우위에 놓고 찬양하려는 것이 아니라 다만 역사 속에서 일어난 일들을 이해하고자 함이었다고 강조할 때 저자의 겸허하고 따뜻한 성품을 느낄 수 있었다.

최초 인류가 수렵 생활과 채집 생활을 하면서 이동하는 생활을 하다가 정주하게 된 원인은 식량 생산을 할 수 있었기 때문이었다. 식량 생산은 간접적으로 총기, 병원균, 쇠가 발전하는데 필요한 선행조건이었다. 이동 생활을 하던 인류가 정주하면서 야생 조상 종이 농경으로 생산이 늘어나고, 야생 동물을 가축화하면서 가축의 힘으로 더 많은 농사를 더 쉽게 할 수 있게 되었다. 가축으로부터 노동력과 우유, 고기 등 식량을 얻고 분뇨를 퇴비로 사용하여 더 유리하게 농경을 하게 되었다. 물론 야생동물이 가축화되기 위해서는 충분히 온순하고, 사람에게 복종해야 하고, 먹이가 저렴해야 하고, 질병에 면역성이 있어야 하고, 성장이 빨라야 하고, 감금상태에서도 잘 번식해야 한다는 선행

조건이 있었다. 유라시아에서 소, 양, 염소, 닭, 돼지가 가축화될 수 있었던 이유였다. 인간 사회에서 진화한 천연두, 홍역, 인플루엔자 등의 병원균이 정복사업에서 중요하게 작용했다. 유럽의 총칼에 목숨을 잃은 아메리카 원주민보다 유럽의 병원균에 의해 병상에서 죽어간 원주민의 수가 훨씬 많았다. 식량 생산의 기원이 총기, 병원균, 쇠의 탄생으로 발전되었음을 이해할 수 있었다.

총기, 병원균, 쇠를 비롯한 여러 요소들을 발전시켜 남들보다 먼저 정치적 경제적으로 힘을 얻은 민족은 다른 민족을 정복할 수 있었다. 수렵과 채집을 하는 원주민을 정복했던 스페인은 콜럼버스의 항해와 정복에 대한 족보가 있었으며 기술로 만든 배가 있었고 총과 쇠로 만든 강력한 무기가 있었다. 그렇다면 유라시아가 앞선 것은 유라시아인들의 지능이 탁월해서일까? 아니다. 저자는 유라시아인들의 지능이 탁월해서가 아니라 유라시아의 지리적 요건이 탁월했기 때문이라고 역설한다. 비옥한 초승달 지대와 유라시아에서는 초기에 작물화한 식물의 종이 많은 이유가 지리적으로 유리했다는 것을 거듭 강조했다. 적당한 야생 포유류가 있었기 때문에 균형 잡힌 생물 조건을 갖출 수 있었던 것도 유리한 조건이었다. 천연원료 취급과정에서 토기를 만들고 근대 제국 통치의 힘이 된 까다로운 발명품 문자를 만들 수 있었다. 문자가 있음으로 해서 쉽고 자세하고 정확하게 더욱 솔깃하게 전달할 수 있었다고 설명했다.

뉴기니인들이 유럽을 식민지화 못하고 그 반대가 된 까닭은 유럽인들은 바다를 건너 뉴기니에 도착할 수 있는 배와 나침반을 가졌고 뉴기니를 지배하기 위한 상세한 설명서, 행정 서류, 문자 체계, 인쇄기가 있었다. 또한 배와 군대와 관리자와 정치제도를 가지고 있었다. 활과 화살을 가진 뉴기니인들에게 유럽인들은 총을 겨누었다. 그렇게 역사의 수레바퀴는 각 대륙의 축을 중심으로 회전했다. 스페인의 무력에 처참하게 쓰러지는 원주민을 생각하면서 마음이 쓰리고 아팠다.

그러나 비옥한 초승달 지대와 중국이 수천 년 앞서갔으면서 왜 뒤늦은 유럽에 추월당했을까? 책의 끝부분에서 의미심장한 질문을 던졌다. 저자는 자원의 기반을 스스로 파괴하는 생태학적 자살을 저질러서 힘과 혁신의 중심지라는 위치를 잃었다고 엄중하게 경고하고 있었다. 중국의 환경문제가 점점 악화되어 심각한 지경에 이르렀다는 것과 중국 전역이 정치적으로 통일되었기 때문에 새로운 기술을 발전시키는 데 제한을 받았다고 말했다. 실제로 중국의 한 폭군의 결정은 당장 혁신을 중단시킬 수 있었다. 중국은 유라시아의 다른 발전된 문명들로부터 더 멀리 떨어져 있어서 대륙 내의 거대한 섬과 같았다고 지적했다. 반면에 유럽의 지리적 분할은 서로 경쟁하고 기술과 아이디어를 전파를 중단하지 않았다. 유럽의 만성적 분열이 세계에서 가장 먼저 식량 생산을 시작한 두 중심지 비옥한 초승달 지대와 중국을 추월할 수 있었다.

842페이지의 책을 읽기 위해 설 연휴 황금 같은 시간을 아낌없이 쏟아부었다. 각 대륙의 사람들이 경험한 장기간의 역사가 크게 달라진 까닭은 그 사람들의 타고난 차이 때문이 아니라 환경의 차이 때문이었다는 저자의 주장에 100% 설득당했다. 가축화, 작물화의 재료인 야생 동식물의 차, 확산과 이동의 속도에 영향을 미치는 요인들, 각 대륙 사의의 확산에 영향을 미치는 요인, 각 대륙의 면적 및 전체 인구 규모의 차 등 모든 요인이 지리적 환경의 차이였음을 거듭 동의한다. 마지막으로 비옥한 초승달 지대와 중국의 역사는 현대 세계에 유익한 교훈을 던지고 있다. 즉 상황은 변하는 것이며 과거의 우위가 미래의 우위를 보장해 주지 않는다는 것이다.

TV에서 재러드 다이아몬드는 1960년대 미국 정치인들이 '50년 후에도 한국은 여전히 가난한 국가로 남아있을 것이다. 필리핀과 가나는 부국이 될 것이다.'하고 말했다고 했다. 그러나 50

년이 지난 지금 삼국의 극명한 대조를 이루는 결과에 대해서 한국은 부요 요원을 가지고 있었다고 말했다. 5천 년 쌀농사 역사에서 빠른 농업발달이 중앙정부를 이루었고 문자를 가진 나라라는 유리한 조건을 가지고 있었기 때문에 부국이 될 수 있었다고 했던 말을 회상하면서 운명적인 만남 『총·균·쇠』의 마지막 책장을 덮는다.

9
영화 『동주』

히라노마 도쥬!

당신이 그토록 부끄러워했던 이름을 불러봅니다. 용서하소서! 당신의 부끄럼조차도 제게는 모두 그리움이기 때문입니다.

8월 15일 밤에 광복 75주년 기념 영화 『동주』를 시청했습니다. 주말 늦은 시간 영화를 관람하면서 당신의 죽음 앞에서 부르르 떨면서 오열했습니다. 『동주』는 2016년 윤동주 시인 탄생 100주년 기념으로 제작된 영화였습니다. 저는 그때 당시 부여에서 상영되지 않아서 공주시로 달려가서 관람했습니다.

당신은 제게 온통 그리움입니다. 당신을 처음 만났던 날을 잊지 못합니다. 제가 중학교 2학년이었던 가을밤이었습니다. 시집 『하늘과 바람과 별과 詩』를 펼쳐 읽다가 가을벌레 노랫소리가 이끄는 대로 마당으로 나왔습니다. 가을 하늘 빼곡하게 차 있던 별이 제 가슴으로 와르르 쏟아졌습니다. 저는 어찌할 수 없어 마당에 주저앉아 엉엉 울어버렸습니다. 그날부터 당신은 저의 그리움이 되었고 저의 별이 되었습니다. 그리고 산골 아이에게 시인을 꿈꾸게 했습니다.

서시

죽는 날까지 하늘을 우러러
한 점 부끄럼이 없기를
잎새에 이는 바람에도
나는 괴로워했다.
별을 노래하는 마음으로
모든 죽어가는 것을 사랑해야지.
그리고 나한테 주어진 길을 걸어가야겠다.
오늘 밤에도 별이 바람에 스치운다.

당신 탓입니다. 제가 그토록 부끄럼을 견디지 못하는 것은. 바람이 잎새에 이면 몸서리치면서 떨어야 하는 것은. 밤하늘 우러러 별을 찾아 헤는 것을 숙명으로 받아들인 것은. 죽도록 일본이라는 나라를 증오하는 것도. 모두 당신 때문입니다.

수년 전에 백두산을 여행했습니다. 중국 연변에 있는 대성중학교를 방문했습니다. 여행안내하는 해설사가 윤동주 시인이 다닌 중학교라고 소개했을 때 떨리는 마음을 주체할 수 없었습니다. 대성중학교 정문에 시비가 있었고 윤동주 시인이 공부했던 교실로 안내했을 때 한참 동안 책상을 안고 앉아 있었습니다.

기념품이 전시되었던 곳에서 시집 『하늘과 바람과 별과 詩』와 윤동주 고향에서 편찬한 『고향으로부터 윤동주를 찾아서』라는 책을 샀습니다. 그 두 권의 책은 제가 가장 소중하게 여기는 보물입니다.

저는 『하늘과 바람과 별과 詩』 시집을 여러 권 가지고 있습니다. 제가 윤동주 시인을 가장 좋아한다는 것을 아는 지인들이 기념일에 선물로 주었기 때문입니다. 2016년에는 고등학생이었던 아들이 윤동주 시인 탄생 100주년 기념으로 편찬된 특별한 시집이라면서 선물로 주었습니다. 작년에는 직장 지인이 서점에 들렀다가 윤동주 시집을 보는 순간 제 생각이 났다면서 사다

주었습니다. 저는 시집 『하늘과 바람과 별과 詩』를 선물로 받을 때마다 기쁘고 행복하기만 합니다.

 당신이 정지용, 백석, 라이너 마리아 릴케, 프랑시스 잠 이런 詩人들을 사랑한 것처럼 저는 당신을 사랑합니다. 당신이 별을 사랑했기 때문에 저도 별을 사랑합니다. 당신의 영혼이 맑았기 때문에 저도 맑고 순수한 詩人으로 살고 싶습니다.

 제가 당신을 처음 만났을 때 저는 소녀였습니다. 당신은 연희전문학교를 졸업하고 일본에서 공부하던 스물여덟 살 청년이었습니다. 사람들은 당신을 영원한 청년 시인 윤동주라고 부릅니다. 세월이 흘러 소녀는 지천명 넘는 어른이 되었습니다만 당신은 변함없이 청년으로 남아 있습니다. 하여 저는 스스로 마음의 성장을 거부하는 억지를 부리고 있었나 봅니다. 최근에 강의실에서 만난 친구가 저를 보고 답답하다면서 말했습니다. '너는 책에 갇혀 있는 것 같아. 그만 책에서 나와.'라고. 저는 웃기만 했고 그 친구는 혀를 끌끌 찼습니다.

 영화 『동주』에서 일본 형무소 감독관이 독립운동을 했다는 죄목을 읽어주면서 서명하라고 강요할 때 이런 시대에 태어나 시를 쓰고 시인이 되기를 바란 것이 부끄러워서 서명을 못 하겠다.

거기에 적힌 일을 하지 못해서 원통하고 부끄러워서 서명을 못하겠다. 하고 당신은 종이를 찢으면서 오열했습니다. 일본 후쿠오카 형무소에서 생체실험 주사를 맞으면서 당신은 날마다 죽어갔습니다. 1945년 2월 16일 당신은 영원한 별이 되었습니다.

당신의 무덤에 〈시인 윤동주 묘〉라는 묘비가 세워졌습니다. 죽은 후에야 그토록 꿈꾸었던 詩人 윤동주라고 불렸습니다. 당신이 별이 된 후 6개월 후에 조국은 독립이 되었습니다. 당신은 우리가 빼앗긴 대한민국이었습니다. 당신을 잊지 않겠습니다.

당신께 약속하고 싶은 것이 있습니다. 당신이 미처 헤지 못한 가을 하늘 속의 별들을 제가 마저 헤고 싶습니다. 언젠가 제가 별이 되는 날 당신을 만날 수 있기를 빕니다. 당신 앞에 부끄럽지 않도록 잘 살고 싶습니다. 당신처럼 맑은 詩를 쓰고 따뜻하고 착한 글을 쓰고 싶습니다.

저는 영원히 당신을 사랑하겠습니다. 하늘과 바람과 별과 詩를 사랑하겠습니다. 당신은 제게 언제나 빛나는 별입니다.

10
조정래 『천년의 질문』

오늘, 당신에게 대한민국이란 무엇입니까?
국민에게 국가란 무엇인가.
국가가 있은 이후 수천 년에 걸쳐서 되풀이되어온 질문.
그 탐험의 길을 나서야 하는 게 너무 늦은 것은 아닐까.
– 조정래 –
『태백산맥』으로 분단의 현실을 꿰뚫은 작가 조정래,
『정글만리』로 세계 경제를 진단하고
『천년의 질문』으로 마침내 현재와 마주하다!

책의 표지에 쓰여 있는 글을 대하면서 안도의 심호흡을 했다.

『태백산맥』,『정글만리』를 읽은 후『천년의 질문』을 읽게 되어서 적잖이 안심이었다.

'사람들은 남의 일은 사흘이면 잊어버린다.' – 대중망각 지적한 속담 –
'개, 돼지로 보고 먹고 살게만해주면 되지'
'구의역에서 컵라면도 못 먹고 죽은 아이'
'출발선상이 다른데 어떻게 같아지나'
'자살률 1위, 노인 빈곤율 1위, 청소년 자살률 1위, 비정규직 비율 1위, 출산율 꼴찌, 청소년 학습 만족도 꼴찌, 국민행복지수 꼴찌…'

국회의사당은 대통령보균자 300여 명이 호시탐탐 눈을 부라리고 있는 살벌한 암투장이었다. 이 세상에 돈보다 더 좋은 게 없고, 돈보다 더 센 게 없으니까 권력은 돈으로부터 나온다는 의식이 만연했다. 국민이 눈이 커지고 귀가 밝아지는 것은 그만큼 성가시고 골치 아픈 일이 많이 생기게 된다고 투덜대는 그들이었다.

돈은 살아 있는 신이라고 했다. 인간사 그 무엇도 해결하지 못하는 게 없는 절대 권능을 가진 신. 인간이 만들어낸 것 중에서 가장 강력한 힘을 발휘하는 존재. 돈은 모든 권력을 지배한다. 돈은 모든 종교까지도 지배한다. 그래서 돈이 장악한 신의 위치는 영생 불변이다.

2100년 전 중국의 역사학자 사마천은 돈에 대해서 다음과 같이 말했다.
자기보다 10배 부자면 헐뜯고
자기보다 100배 부자면 두려워하고
자기보다 1000배 부자면 고용당하고
자기보다 10000배 부자면 노예가 된다.
작금 우리의 현실 유전무죄 무전유죄가 진리(?)일까 생각하고 아연했다.

모든 매스컴은 기업이다.
신문사는 기업들의 광고료를 받아 운영한다.
기업은 신문에 광고내서 상품을 파는 동시 언론의 보호를 받는다.
철저하게 상호 의존적 공생관계를 유지하고 있다. 악어와 악어새처럼.
언론의 사회적 사명이나 책임을 물을 수조차 없는 현실이었다.

오늘의 위기상황은 다섯 개의 권력 집단이 상호 결탁하고 야합해 국민들을 속이고 억압하면서 수십 년 동안 쌓이고 쌓인 필연적인 결과이다. 입법, 행정, 사법, 국가권력과 재벌들을 중심으로 한 경제 권력, 국민 우매화의 언론 조성에 앞장선 언론 권력. 이 권력 집단에 대한 해결책은 국민 스스로에 있다. '국민은 개, 돼지다.', '국민은 레밍 무리다.'라고 한 그들에게 단결해서 저항하는 국민이 되는 것이 해결책이라고 했다

　도시는 자꾸 비대해지고, 비대해지는 만큼 경쟁은 치열해지고, 경쟁은 서로를 적대시하게 되고, 그 분열은 서로를 소외시키다가 끝내는 자기 자신까지 소외시키기에 이른다. 그 자기 소외는 곧 정신질환 상태에 이르는 것을 말하며, 그것은 현대 도시인들이 갖는 가장 큰 비극이다. 그 치유책은 단 한 사람이라도 하소연할 수 있고, 넋두리를 할 수 있는 친구를 갖는 것이라고 한다. 종국에는 사람과 사람 사이 사람이 우선이어야 했다.

　정치에 무관심한 것은 자기 인생에 무책임한 것이다. 법치국가의 변화는 틀림없이 법을 만드는 국회부터 변화시켜야 한다. 스웨덴의 국회의원은 '정치는 약속을 지키는 것'이 신조라고 했다. 이 세상의 모든 권력은 감시와 감독 그리고 견제가 없으면 반드시 횡포하고 부패하고 타락하게 되어있다. 민주주의란 시민

들이 자유와 평등과 평화를 조화시켜 창조해 낸 화초이고, 그 화초는 철저한 감시와 감독을 하지 않고는 아름다운 꽃을 피워낼 수 없다. 우리나라를 지배하는 5대 권력 입법, 사법, 행정, 언론, 재벌. 서로 얽히고설켜 썩을 대로 썩어 중증종양이 되었으니 과감하게 수술해야 한다. 시민단체들의 연대와 연합이 치열하게 감시와 감독을 실행해야 한다. 뭉쳐서 외치는 시민의 힘, 그것이 문제해결의 핵이고, 열쇠다. 정치인의 작태가 절망스러울 때, 공무원들의 나태와 무책임이 한심스러울 때, 법조인의 오만과 상식 이하의 오판이 역겨울 때 시민들이 연합해야 한다. 거미줄이 천 겹이면 호랑이도 묶을 수 있다.

'인생은 연극이다. 그런데 그 연극은 극작가도, 연출가도, 주인공도 자기 자신이면서 단 1회의 공연일 뿐이다.'
'자기가 진정으로 하고 싶은 일을 즐거운 마음으로 해나가면서 늘 기쁨과 보람을 느끼면 그것이 가장 성공한 인생이다.'
'책을 읽지 않는 사람과 나눌 인생 이야기는 아무것도 없다.'
'책이란 갈고닦은 영혼의 결정체가 담긴 그릇이다.'
'인생이란 두 개의 돌덩이를 바꿔 놓아 가며 건너는 징검다리다.'
'인생이란 자기 스스로를 말로 삼아 끝없이 채찍질을 하며 달려가는 노정이다.'

'말과 글의 차이, 말은 글이 품는 농도와 심도를 도저히 따라갈 수 없다.'

'지금 이 상태가 딱 이야. 말귀 알아들을 만하고, 무슨 말이든 잘 잊어먹고, 나라말 잘 믿고, 권력자나 부자 부러워하고, 연예에 무조건 환호하고, 스포츠에 열광하고, 유행은 미친 듯 따라가고, 그래야 권력층이 권력 누리기에 편안하지.'

'바라보는 곳이 같으면 마음은 늘 함께하는 것입니다.'

'커피의 맛이 인생의 맛이다. 커피의 쓴맛이 달게 느껴지면 인생의 맛을 아는 것이다.'

'돈보다 더 소중한 재산은 생의 희로애락을 함께 나눌 수 있는 친구를 갖는 것이다.'

'동백꽃은 두 번 핀다. 나무에서 한 번, 땅에서 또 한 번 (땅에 뭉텅 떨어진 꽃).'

'반드시 눈을 맞추면서 악수하고, 인상적인 한마디씩을 꼭 심어라.'

'노예의 비극은 자기 자신이 노예인 줄 모르는 데 있다.'

'『피에타』를 응시한 순간, 자신의 영혼이 성당의 대리석 바닥에 내동댕이쳐지는 충격에 부딪혔다. 저건 사람이 만든 것이 아니다! 신이 만든 것이다!'

'탈무드의 교훈 고기를 잡아주지 말고, 고기 잡는 법을 가르쳐라.'

연로한 소설가가 평생의 화두로 삼아 책상 앞에 써 붙인 글. 지극히 평범한듯하면서 서늘한 바람이 일게 하는 경구.

문학, 길 없는 길
읽고 읽고 또 읽고
생각하고 생각하고 또 생각하고
<u>쓰고 쓰고</u> 또 쓰면 열릴 길. 내 마음에 저장한다.

3권으로 된 장편소설 『천년의 질문』을 읽고 감히 서투른 사족을 붙일 수 없었다. 해일처럼 밀려오는 충격에 주저앉고 말았다. 작가는 말했다. 무조건 순종하고, 굴종하고, 침묵하는 국민은 국민이 아니다. 정치가들에게 권력을 갖다 바치는 순전하고 멍청한 투표 꾼일 뿐이었다. 나는 뒷목을 잡고 한참 멍하게 있었다. 아무리 세월이 흘러가고 세대가 바뀐다 해도 골수에 박힌 DNA는 변할 수가 없는 것인가.

"예, 저 한 사람만이라도 똑바로 보고 똑바로 쓰고, 똑바로 전하고 싶었습니다." 장우진 기자의 말이 메아리친다. 국민이 정치에 무관심하면 가장 저질스러운 정치인들에게 지배당한다.
– 플라톤 –
오늘 나에게 대한민국이란 무엇인가? 내가 내게 묻는다.

추천사

별을 헤며 늘 꿈꾸는 소녀
- 김인희 -

최태호

단국대학교 한문교육학과 졸업
한국외국어대학교 교육대학원 한국어교육학과 졸업(교육학 석사)
한국외국어대학교 대학원 국어국문학과 졸업 (문학박사)
현. 한국대학교수협의회 공동 대표
현. 한국대학교수연대(노동조합) 공동 위원장
현. 대한민국 교육정상화네트워크 공동 대표
현. 중부대학교 교수
저서 : 『한국문학의 제양상』 외 40여 권
논문 : 「구지가고」 외 다수

추천사

별을 헤며 늘 꿈꾸는 소녀 - 김인희 -

- 최태호

수필이라는 말은 중국 남송 시대 홍매洪邁가 용재수필蓉齋隨筆에서

"나는 게으른 탓으로 책을 많이 읽지 못했으나 그때그때 뜻한 바 있으면 곧 기록하였다. 앞뒤의 차례를 가려 갖추지도 않고 그때그때 기록한 것이기에 수필이라고 하였다. (붓 가는 대로 생각나는 대로 쓰는 글)"

라고 한 것에서 시작하였다. 특정한 형식을 갖춘 것이 아니라 붓이 가는 대로 편하게 기술하는 형식이다. 그래도 교양이 있어

야 하고, 교훈적이어야 하며 누군가 읽고 감동을 받을 수 있으면 더욱 좋다.

김인희 작가를 만난 것은 꽤 오래되었다. 덕향문학 모임에서 특선 시인으로 상을 받을 때 필자가 심사위원장을 했던 기억이 있다. 특별히 순수한 시어에 감동을 받아서 문학상을 수여하였는데, 이번에는 그동안 모아놓는 수필을 출간한다고 하였다. 교정을 봐달라는 것으로 알고 꼼꼼히 맞춤법과 문장부호를 확인하고 몇 가지 수정을 해서 보내주었다. 원고를 읽으면서 느낀 점은 참으로 순수한 영혼을 지니고 있는 사람이라는 것이다. 그녀의 작품 속에는 유난히 별 이야기가 많이 나온다. 윤동주의 별도 있고, 최태호의 별도 있다. 그녀에게는 모든 것이 그림이고 꿈(이상)의 세계였다. 처음부터 끝까지 순수함으로 도배되어 있다. 작품을 읽음에 부담이 없다. 수필은 이렇게 써야 한다. 마치 물이 흐르듯이 자연스럽게 위에서 아래로 흐르는 것처럼 생각의 흐름에 걸림이 있어서는 안 된다.

중학교 시절의 국어 선생님에 대한 회상도 큰 의미를 갖고 있다. '수불석권手不釋卷' 하라는 말씀을 평생의 지침으로 삼아오면서 아직도 실천하고 있음에 감탄을 자아낸다. 누군가의 일생에 큰 지침을 마련해 준 국어선생님도 참으로 대단한 분이다. 사실

김 작가는 시문학을 공부할 때부터 지금까지 필자와 학문의 세계에서 같이 노닐고 있다. 박사과정이면 연구실에 앉아서 편하게 강의하고 토론해야 하지만 우리 학교는 대학원생이 조금 많아서 강의실에서 수업을 한다. 김 작가는 항상 가장 앞자리에 앉고, 예습을 철저히 하고, 질문에 제일 먼저 답하고, 토론에 활발하게 임하는 사람이다. 자기 관리에 소홀함이 없다. 늦게 오는 경우도 없지만 부득이 수업에 참석할 수 없으면 반드시 허락을 받아야 하는 성격이다. 살아가면서 많은 사람에게 영향을 받고 영향을 주는 것이 인생이지만 김 작가는 특별히 국어 선생님의 영향을 많이 받은 흔적이 곳곳에 드러나 있다. 그럼에도 불구하고 피천득의 〈인연〉과는 또 다른 맛을 보여준다. 선생님을 찾지 못해서 가슴은 멍이 들어 있지만 예전의 모습을 그대로 간직하고 사는 모습이 애처롭기까지 하다.

문화해설가로, 독서 논술 교사로, 혹은 사회복지사로 많은 경험이 삶에 무르녹아 있음을 볼 수 있다. 이러한 일들이 피곤하고 힘겨울 만도 한데, 김 작가에게는 이 모든 것이 축복이고 감사일 따름이다. 이렇게 범사에 감사하는 것을 실천하는 사람이 또 있을까 할 정도로 감사가 몸에 배어 있는 사람이다. 글은 마음의 거울이다. 글은 사람의 지문과도 같다. 그래서 문체론이라는 것이 있을 정도로 작가의 특징을 잘 드러낸다. 김 작가의 수필에는 잘

익은 홍시를 먹는 맛이 있다. 오랜 세월 많은 경험을 통해서 들려주는 소탈한 이야기는 읽는 사람으로 하여금 소박한 꿈을 꾸게 하고, 독자로 하여금 "나도 할 수 있다."는 자신감을 준다. 어려웠던 어린 시절(상업고등학교를 졸업하고 방송통신대학을 거쳐 박사에 이르기까지)의 삶의 궤적이 이를 대변한다. 이렇게 가녀린 소녀도 꿈을 이루고 사는데 '나도 할 수 있다'는 희망의 음성을 들려준다.

이제 김 작가도 원숙한 나이에 접어들었다. 자녀들도 잘 성장해 주었으며, 문학의 꿈도 이뤄 시인으로, 수필가로, 평론가 겸 칼럼니스트로 활발하게 활동하고 있다. 이제부터는 장미꽃을 깐 탄탄대로만 갔으면 좋겠다. 주변의 모든 환경이 이미 작가로서 글과 사랑에 빠진 소녀(?)를 축복하고 있다. 더욱 정진하여 거벽巨擘이 될 것을 기대한다.

2022년 10월 24일

만인산 기슭에서
최태호 씀(識)